AF432770

Contemplando Mi Cielo

de

Camacho Francisco Antonio

Palabras preliminares

Desde muy temprano empecé a escribir. En ese tiempo el mundo era distinto: no había computadoras, ni celulares, ni televisión por cable. Ocupábamos el tiempo libre en otras actividades como la lectura, la música, el dibujo y la pintura, los cuales fueron los entretenimientos de mi juventud.

En esa época, cuando el mundo era distinto, nacieron mis primeras poesías. Algunas están plasmadas en este libro, aunque sufrieron modificaciones que la experiencia fue tachando, corrigiendo y creando nuevos versos. Pero conservan aún su esencia intacta.

Me parece importante explicar en estas palabras que "Mirando al cielo desde mi tierra" expresa desde donde parto en este viaje literario. Desde su título como también la ilustración que acompaña busco reflejar lo que siento desde la desnudez y transparencia. La desnudez no tan sólo física sino también de espíritu. La transparencia de la esencia álmica. Desnudos venimos a este mundo. Nuestra existencia está marcada por nuestra desnudez, nacimos así y al acto se nos abriga para protegernos. A medida que atravesamos nuestra existencia vamos conformando muchos sueños, anhelos y expectativas que nos llevan continuamente a mirar hacia el cielo.

Desde mi perspectiva cada ser tiene una tierra y un cielo. Cuando nacemos nos lanzamos desnudos, desguarnecidos. Poseemos una experiencia celeste que llevamos en el corazón. Con el pasar de los años, nacen los deseos, anhelos, ideales. Nos abrigamos con ellos, nos identifica, nos configura y forma nuestra imagen, el cómo nos mostramos y cómo nos relacionamos en nuestro mundo, en nuestra sociedad —no en el de Pedro, Juan, María etc., en el nuestro—. Cada uno se construye en sociedad, por medio de ella nos relacionamos, recibimos valores y luego los entregamos nuevamente al medio. Nos construimos en sociedad en constante retroalimentación.

Nuestra existencia está marcada por nuestra desnudez, nacimos así y al acto se nos abriga para protegernos. Cuando fallezcamos también alguien nos vestirá y veremos desde el otro lado quien nos viste, quien está dolido por la partida, quien nos llorará, quien se alegrará y quien se sentirá aliviado.

Somos desnudos y necesitados, aunque algunas veces nos creamos mejores que otros, que no tienen la posibilidad de tener el atuendo que tenemos, la dicha de relacionarnos en determinados lugares. Son accidentes, no hacen a la naturaleza del ser humano.

Esta desnudez nos hace estar acurrucados para no mostrar nuestra intimidad. Queremos vestirnos físicamente y también queremos vestir nuestra conducta. El ser humano tiende a ocultar, velar, disimular lo que cree que puede ser vergonzoso ante los demás, por ello siente la necesidad de protegerse.

En todo tiempo hubo deseos nobles, pero en nuestros días más son los deseos de necesidad, en los que cada uno busca en esta lucha cotidiana, y no se cuestiona si lo que busco es realmente necesario o un deseo de consumir para sentirme identificado con el medio, porque el pecado social, es no estar inserto, al no consumir los estereotipo que se presentan como importante para ser igual o estar en armonía con la sociedad en la que construimos y nos identifican.

En mi juventud donde nace todo lo que escribo, no había computadoras, no había mucha televisión, ni cable, ni celulares, ni wifi, ni redes sociales.

Si había redes sociales, que nosotros construíamos de carne y hueso, en la que compartía noticias, diálogos, poesías, música, con el grupo del barrio o el grupo de la parroquia a la que pertenecemos.

Si en mi época había atropello contra el ser humano, de parte del poder del estado en manos de los militares, donde se torturaba a personas, porque pensaban distintos, por que buscaban tras el ideal de una vida en la que el ser humano sea el centro de la sociedad, donde el hombre con sus valores, sea la religión por medio de la cual se construye una sociedad.

Pero estos valores son los extremos ante un estado autoritario al servicio de un aparato económico en la que se concentraba toda la riqueza, que, en dicho nombre, se trataba de reprimir toda clase de libertad y manifestación respeto a los derechos humanos.

Había un grupo de personas silenciada y callada por parte de las autoridades públicas, pero para el que se levantaba temprano a trabajar o ir a estudiar la vida o mi vida pasaba con cierta monotonía.

Pasaba mucho tiempo pensando sobre una realidad que me parecía muy crítica, viendo la inmensidad de personas en extrema pobreza y otras que lo tenían todo.

No era depositario de mis gustos en algún autor, más tenia este pensamiento, "no quería leer o inclinarme por algún escritor, porque tan solo quería ser Yo mismo el dueño de mis pensamientos y sentimientos al escribir. -

Todo lo escrito se basa en la experiencia propia en mi condición de ser humano y cómo influye nuestra propia herencia, en nuestro existir, en la forma de amar y de manifestar este amor.

Este libro es la narración en poesía de mi vida, es el comienzo de los grandes ideales y creaciones, de grandes encuentros y descubrimientos, de las grandes aceptaciones y respeto. El de la convivencia y la empatía, el de la LUZ y las sombras.

La existencia misma es una lucha cotidiana que cada quien vive, expresa y atraviesa de acuerdo a su propia experiencia: para algunos para ser y hacer, otros para tener y gozar el momento, para otros momentos de demostrar lo que uno quiere ser.

Pero ya sea cual sea la luz que persigo, eso no quita que haga lo que se haga, no deja de ser una lucha y lo importante es saber quién SOY, que es lo que persigo, que es lo que quiero y a donde voy

A Ustedes, mis niños, serán ya grandes totalmente realizados, pero nunca dejaran de ser niños, mis cinco flechas que descansan en mi aljaba, cinco luces que me llevaron por este camino, cada uno con sus distingos y luces, los amó. Los amó.

Y como no agradecer tu presencia, tu compañía, que, a pesar de haberme perdido en la oscuridad del desamor, de haber quebrado el yugo cuando en realidad no pude o no supe llevarlo.

Tan solo cuando uno toma conciencia que el amor humano no está, el vacío, el dolor, y esa soledad que no se llena con momentos pasajeros de risas y jolgorio, porque en la soledad del departamento uno encuentra los viejos fantasmas no resuelto.

Cuánto cuesta aceptar, comprender y perdonarse. Cuando uno está solo no tienes las sonrisas de los hijos, dialogar con ellos y jugar, cuando no hay que comer o que solía consumir, y si estás enfermo en la cama y no puedes levantarte para ir al médico y comprar los medicamentos. Si es toda una historia y en esos momentos de ausencias viniste como la que con misericordia atiende a alguien que había caído mal.

Gracias por estar ahí, gracias por ser mi callado, un apoyo fiel, a pesar de tantas palabras que salieron de corazones heridos como los nuestros sin aceptar sus propios yerros. Ya después de tantos años, ¿Dónde están? ¿Qué sentidos tienen?, tan solo ante los ojos de Dios todo esto tiene sentido, sé que en el atardecer de la Vida se me Juzgara en el amor.

La vida

Estoy pensando en la vida, no como epifanía en el plano existencial, sino como vis (fuerza), como energía, acto, movimiento.

Un vehículo mientras no está encendido está ahí, ante la inclemencia del tiempo y puede pasar los años y el tiempo lo corroe teniendo todo para ser encendido y para ser manejado.

Pero viene el conductor él ya sabe que es un auto y tubo un proceso de aprendizaje para aprender a conducirlo. Se sienta, regula el asiento y lo enciende, al principio con aciertos y errores aprende a conducirlo y hace maravillas con él.

Somos esa energía que toma conocimiento a través de la propia experiencia de su propio cuerpo y con el tiempo aprende a moverse y aprender a interactuar con otros. Muchos no saben la diferencia de lo que es el vehículo de lo que es El.

Somos más que el cuerpo y las sensaciones, que el cuerpo y las manifestaciones y los sentimientos.

Somos energía, somos amor, porque con ese hilo de amor con el que fuimos tejidos en el vientre de nuestras madres, no se puede hablar de otra cosa, que la vida (vis) esa fuerza creadora, DIOS.

El ser humano, es la energía que habita en ese vehículo. Y como es energía encarnada, "la energía no muere, tan solo cambia" Albert Einstein.

Es muy platónico este pensamiento, pero creo que es lo que más se ajusta a la realidad.

En Aristóteles, es materia y forma en una sola unidad y que se manifiesta en vida vegetal, animal y racional. Pero muerta esta, hay un cambio substancial. El cuerpo pasa a ser tierra. pero no habla de esa energía que se experimenta en el cuerpo.

Aquellos que tuvieron la experiencia de ver morir un ser querido en los brazos me entenderán. Cuando mueren uno siente que el cuerpo y la mirada pierden algo. Los brillos de los ojos desaparecen. Si esa energía, el alma. Somos más que nuestro propio cuerpo.

Descubriéndome

Estoy suspendido
sé que vivo, siento,
un acompasado sonido
marcando un ritmo.
Siento sensaciones agradables,
alguien me contiene
oscuridad armoniosa,
cielo escondido
plenitud endeble
sé que vivo.
Quietud vibraciones
agradable armonía,
lo que me contiene, está vivo
sin hablarme, trasmite todo
Siento y escucho, pero aún más,
lo percibo Sé que vivo.
Lo que me contiene sonríe,
sonrío
siento amor,
soy otro, contenido siento voces,
siento sonidos,
siento todo fuera de estas fronteras,
siento y sé que vivo.

Nací

Nací un 28
cuando el mes fenecía,
en mi madre nacía,
la esperanza de amar,
Esa pequeña vida,
que caminando a la mitad
del día, dio el grito de libertad.
En mi cenit
Estaba la luna,
Inspiradora de tantas letras
Sentimientos y locuras.
Nací en el mes cuatro,
Numero par,
Múltiplo de dos
No de uno,
Desde mi nacimiento me
Indico, que lo mío
No es lo singular,
Que necesito al otro
Para vivir y para amar.

Muchas veces caminamos por el centro u observamos en el colectivo, a los seres humanos con tan variadas formas: uno alto, bajos, medianos, blancos, negros, trigueños, narigones, con labios carnosos o finos y nos sentimos extraños ante tal diversidad, cada uno encerrado en su mundo de pre-ocupaciones y en sus rostros hay una gran variedad de expresiones.

Mucho más lo notamos cuando estamos invitados a una reunión en los que los cánones de comportamientos o usos sociales son muy diferentes a los que fuimos educados o a los que usamos en nuestro medio, nos invaden una sensación de des-ubicación como si hubiera una barrera invisible difícil de cruzar.

Todos estos sentimientos nos hacen sentirnos únicos y a su vez distintos de los demás, distinto de Él y el Tú se presenta como alternativa existencial que llega a mi vida. El otro mato nuestra peculiar indiferencia y nos hizo experimentar el aquí y el ahora. Él Tu logro despertarme y él Yo se sintió distinto y que no está solo en la naturaleza.

Cada uno tiene como primera experiencia personal, el descubrir que es un ser único, pero a sus ves con sus necesidades primarias la del YO. La primera experiencia es siempre la que nos lleva a buscar el sustento como persona, y satisfecha esta, nos volvemos al medio que nos rodea.

Del Yo al Tu hay un abismo por cruzar y se cruza cuando yo voy descubriendo que mis necesidades son semejantes a las de Él.

Sentimos, soñamos, deseamos, anhelamos, construimos nuestro universo en base a valores materiales, morales, espirituales. Vemos que estos sentimientos trascienden a toda clase social y lo que cambia es la forma de manifestarlo.

Gano el equipo de fútbol favorito de un Tu que vive en los barrios marginales, este expresara su alegría escuchando cumbia villera y tomando una cajita de vino o el cajón de porrón no se deja esperar.

En cambio, el Tu que vive en una clase social encumbrada y culta ira a cenar con sus amigos escuchando de fondo una canción internacional, o un buen concierto de Mozart y de sobremesa tomara una baso de bebida blanca etc.

La alegría es la misma pero la forma de expresarla es diferente.

Los deseos, los anhelos, los sentimientos por el bien y el mal. Por alcanzar la felicidad, por yapar a mi existencia momentos felices son los mismos a los distintos Tu, sin importar si viven en una tapera o en un barrio donde viven gentes hermosas que se identifican a sí misma.

Desgraciadamente siempre partimos de un juicio erróneo. Al encontrarnos con el Tu en el análisis del encuentro, analizamos lo que es diferente a mi experiencia de ser único.

Empezamos a ver en la forma de vestirse, en lo que consume, en la forma de hablar y de actuar etc.

Cuando nos quedamos encerrado en lo distinto que es el Tu, sentimos que hay un abismo entre él y Yo. Nos encerramos y hacemos murallas al hacer distinción. Nos transformamos en verdaderas tortugas, porque cada vez que siente que el Tu golpea nuestra coraza, que lo distinto de Él, roza nuestra existencia, metemos nuestra cabeza en nuestra existencia, nos replegamos en nosotros mismos, dejamos de ver la realidad y perdemos la oportunidad de ver lo semejante.

Muchas veces hacemos distinción y buscamos semejanza superficial ya que no apuntamos al Ser sino al hacer y mucho más superficial cuando la valoración queda encerrada en el tener.

Esto lo notamos, primero observamos lo que la persona hace y de acuerdo a ello definimos como si el nombre queda muchas veces en segundo lugar.

De acuerdo a lo que hacen, hay una escala valorativa (no es lo mismo ser Juez, ser Medico, ser Carpintero, ser Ingeniero etc.) y a través de ella rendimos honores o no, de acuerdo a estas distinciones "el Ing. Juan Lilito; Dr. José Tirafondo; y Pedro Cebolla carpintero".

La sociedad se mueve en distintas diferenciaciones culturales y a la hora de la verdad no siempre se trata a las personas de la misma forma, porque sé está tratando al Titulo de la persona, en otras palabras, las tratamos por los calificativos (medico, cardiólogo, gerente etc.) y la persona queda oculta.

"Juan ven que llegó el Ingeniero Robles, pase tome asiento, gusta un vaso de gaseosa o un wiskisito", "Juan, vino el carpintero. Dile que espere y si pasa cuida que no toque nada" ¿Es necesario tener él Titulo para ser persona? Son muy pocos los que ven a la profesión como un servicio al hombre.

¿Y el que no es profesional? ¿Es algo? O un ser de segunda al que es necesario tratarlo porque de alguna manera me es útil.

También definimos a las personas por lo que tienen y consumen ¿es lo mismo hoy en día una persona que va a su trabajo en bicicleta o aquel que va en su auto importado? ¿La sociedad los trata de la misma manera? Es que los dos ¿no son seres humanos?

Que importante es despertar y valorar al Tú, por lo que es y no por lo que tiene, por lo que consume o por lo que hace.

Él es distinto a mí, pero es semejante. Llora, ríe, valora, piensa, se comunica. Ahora bien, que el objeto de su pensar, de su reír, de sus valoraciones, de sus esfuerzos, es del mundo del hacer y no del ser eso es harina de otro costal. -

Cuantas veces pasamos nuestras vidas corriendo de un lugar a otro para poder consumir, para mantener el confort, para mantenerse en el medio y poder consumir lo que ellos consumen y pasa la existencia adquiriendo cosas para sentirse bien.

El hombre se aferra al mundo del querer un mundo que hay que conquistar y es una lucha unipersonal, piensa en sí mismo, en el momento.

Es a través de ello, que manifiesta su naturaleza. -

Cuando el hombre ve algo que le apetece, lo hace en sus dos formas: ya sea que el objeto a lo que su interés tiende sea un razonamiento, una verdad que le ayuda a su razón, le da luz y paz espiritual, esta verdad, estas conclusiones a las que arriba es buena, está revestido de bondad y la expresamos "esto es lo que yo buscaba" "tiene razón esto es cierto" o bien lo apetecible hace a la misma subsistencia, cuando tengo hambre y veo un lindo churrasco, y lo bueno que es para mi cuerpo, lo experimento como algo verdadero a no ser que sea una ilusión, entonces sería algo bueno pero falso.-

Pero, qué pasa cuando el que me era indiferente entra en mi mundo y me resulta familiar "tu piensa lo mismo que yo" "quiero jugar a las damas, mira no sé, pero si me enseñas aprenderé".

Qué hermoso es descubrir al otro y sentir que en cada paso que doy uno siente que es semejante a mí. -

Cuando alguien me resulta bueno, necesario, es un continente en mi vida, le da sentido, abre los puntos cardinales a mi existencia en una total ubicación como ser humano. Es cuando el corazón en su querer echa raíces, se compenetra en él Tú y se hace Tú en él Yo.

Siempre pasa este hermoso fenómeno en nuestra existencia, el descubrir un continente (porque afectivamente me contiene), pero nunca nos ponemos a pensar por qué ocurre.

El primer movimiento afectivo del ser humano es buscarse, asimismo. El niño busca en su madre el sustento y la contención afectiva. La madre mientras le da de amamantar lo sustenta y a sus ves lo abriga y le llena de caricias. Ese acto, también revive en ella en los pechos de su madre. Esa es su felicidad. Nadie puede dar lo que no tiene en su corazon.

El ser humano desde la más tierna edad busca ser feliz y luego busca la imagen de la madre por que la relaciona a su sustento y a la contención afectiva, su primera relación con él tú es con su madre.

El ser humano se manifiesta y da lo que ha recibido, porque es imposible dar lo que uno no tiene. Así vemos muchos Yo exigir al Tu, comportamientos, afectos, sentimientos, razonamientos, realidades que no conocieron, que no recibieron desde la cuna. Antes de exigir se requiere un noble acto de empatía con la persona que no puede dar lo que se le exige. Todos de alguna forma somos necesitados y pobres.

Esta búsqueda para uno mismo, de alcanzar todo lo que humanamente me hiciera feliz, hay que volcarlo para con el prójimo, porque a través de la relación con el Tú me ayuda a no quedarme encerrado en uno mismo. El Tu es el que me libera del egoísmo, porque el Tú me enseña cuan semejante es a Mí.

Si yo busco que me perdonen, primero tengo que perdonar.

Si yo busco que me amen, primero tengo que amar.

Si yo busco que me comprendan, primero tengo que comprender.

Si yo busco la felicidad, pues primero haz feliz.

De esta forma la relación del Yo y el Tu no pasa por el plano del hacer y el tener, sino que traspasa y se compenetra con el ser.

El diálogo entierra las conversaciones de terceras personas, se produce el encuentro cara a cara, con el alma desnuda. En vez de interesarme lo que el otro me comenta del vecino, me interesa el Tu, "Cómo andas" "Qué es lo que sientes" "Qué es lo que deseas en la vida" "Cual son tus sueños" "Cuáles son tus sufrimientos" "Cuenta conmigo" etc.

Descubro que hay un universo frente a mí, incalculable, que no puede ser encerrado en el mundo de los números y de los preconceptos. Esta ahí él es y no puede ser otro. -

Cuando descubro lo sublime que es el otro, por el hecho de ser semejante a mí y llena todo, estamos empezando a descubrir el camino por dónde me lleva a la fuente del Ser que da sentido a mi propia existencia.

Cuando un grupo de seres se contienen unos a otros, sin mirar diferencias, supliendo las falencias buscando el bien y la felicidad del otro, se percibe algo distinto, una fuerza que se los distingue de los demás. Mirad como se aman. Mirad que unidos son. Mirad como se ayudan. Mirad que felices son.

Cuando esto ocurre es que se obro un milagro, un simple milagro, que como las cosas simples son imperceptibles a los ojos, pero se lo puede ver con los ojos del corazón. Es cuando yo descubro el Ser tan semejante al mío.

Cada uno dueño de su libertad, cada uno es dueño de sí mismo y todo el comportamiento del hombre me dice, suena, habla por algo constitutivo, que me está diciendo que detrás de este ropaje y comportamiento existe una energía que da vida y unida a la carne da sentido a su obrar. Este sentido existencial y esta energía es el ser.

Es la impronta o un sello que hace que mengano sea mengano y no zutano u otra cosa.

Por eso muchas veces decimos: "Pedro tiene una forma muy personal de ver la realidad". La razón es que cada uno de nosotros, somos únicos, irrepetibles, como únicos e irrepetibles son los pensamientos de Dios.

Somos pensamientos de Dios, y por eso somos divinos, somos sublimes, aunque es difícil comprender y experimentar esto.

Cuando el escritor sagrado habla en el Génesis, Antiguo Testamento, nos relata como el varón se sintió solo, no satisfacía ninguna criatura que Dios le dio para que pusiera nombre a toda ser vivo de la creación. No había ningún ser vivo semejante al. Todos los seres son inferiores en jerarquía y no tenía a nadie que lo interpelara de igual a igual.

Cuando Dios hizo a la mujer ¿qué deslumbramiento habrá sentido el varón?, ¿Habrá sentido que las fibras más profundas de su ser se conmovían? Tal es así, que exclamo: "Este si es hueso de mi hueso y carne de mi carne"

Descubrió que hay fuera de sí otra tan semejante, pero a las ves tan distinta. Alguien como él, que come, duerme, llora, ríe, sueña, anhela, pero no es como él.

También nosotros si observamos podemos descubrir alguien distinto a mí, ya sea negro, blanco, alto o estatura más baja, con pelo rubio o negro, tan distinto pero semejante.

Cada uno tiene como primera experiencia personal, el sentirse único y cuando entramos en relación con el Tu comienza a despertar toda nuestra existencia.

En esta relación se encierra la felicidad como también la tragedia humana.

¿Por qué si somos pensamiento divino tenemos que experimentar ese distanciamiento? ¿Porque es que él Tú era tan distinto del Yo, produce miedo o recelo de entrar en su ámbito existencial y lleva muchas veces a encerrarme dentro de mí? ¿Qué es lo que nos hace distintos?

Es el camino por dónde me lleva a descubrir que, por el hecho de ser, SER humano, es único don, no se lo puede encerrar en un acto valorativo como si fuera una cosa ya que él es la puerta de la adoración de lo inalcanzable, de lo insondable, inconmensurable en dónde lo divino tiene el hermoso sabor humano y dónde lo humano se arrodilla ante lo divino. -

Pero cuando esto no se da, el mundo existencial de lo afectivo es un trueque, yo quiero en la medida del bien que el otro me produce y con la misma intensidad tratamos de retribuirnos.

Esto se da porque humanamente deseamos sentirnos útil.

Si a mí no me quiere, yo tampoco quiero, si me quiere mucho trato de querer mucho, y en esta relación hay que distinguir cuando yo libremente quiero ser útil, de aquello en la que uno por sinceros sentimientos uno es utilizado.

En este retroalimentarse de darse y recibir al tú, nuestra existencia se transforma en escuela de vida.

Por qué cuando uno se dona, no entrega una sonrisa, un gesto, un pensamiento, sino, uno entrega su persona, uno entrega vida.

Pero en toda relación del querer depende del recipiente, es decir de quien recibe el afecto y depende de la calidad del afecto que el recipiente recibe.

Cuando uno se da, pero ese dar esta vestida de una determinada intencionalidad la relación del ser se hace difícil.

Muchas veces se da afectos por conveniencia (aquel me suele ser útil y en la medida que me es útil yo lo quiero), por temor, "tengo miedo de quedarme solo y por eso trato de estar rodeado" etc.

Pero cuando en este trueque de conveniencia se produce una ruptura, un impás en la reciprocidad, muchas veces se escucha estas lamentaciones "pensar que lo quería con locura y que mala jugada me hizo, ahora no lo puedo ni ver" Yo quiero en la medida que me quieren.

Cuantas veces tengo miedo a perder lo que quiero y deseo que ese goce no se acabe, que sea eterno el momento. -

Cuantas veces nos damos cuentas a duro golpe, que lo que yo quería sé tenía que acabar y el deseo de tenerlo me impide aceptar la realidad

Muchas veces pienso que tenemos alguna relación con la naturaleza, por ejemplo, con los árboles.

EL árbol de una misma especie nunca es uno igual al otro, todo depende:

Del lugar, hay lugares que son más propicios que otros.

Del terreno: puede ser pedregoso, arcilloso, o una tierra fértil dónde las raíces crecen de las más variadas formas. -

Depende por último de la forma en que es cuidado.

Cuán importante es el medio donde crece el árbol. Cuanto más óptimo es este, más hermoso será, tendrá raíces profundas y esta será su sustento y firmeza.

Para el ser humano, el medio donde nace, se desarrolla y crece es la familia. Es la escuela y alimento del alma donde aprende a vivir. Cuanto más óptima sea esta, más bella es la persona.

Aquí los padres tienen que definir:

¿qué le doy a mi hijo?

Le damos nuestro ser. Le damos el hacer o el tener. -

Lo primero que los hijos aprenden son las vivencias de los padres, el ejemplo de cómo ellos se desenvuelven del yo al tú. Como mama trata a papa, como es papa con mama.

Si los esposos dialogan, los hijos aprenderán a dialogar. Si los esposos están al servicio uno del otro los hijos aprenderán a ser servicial. Si los esposos reconocen sus propios errores y se perdonan mutuamente, los hijos aprenderán a ser honesto consigo mismo, humilde, ya que humildad es reconocer la verdad y aprenderán por sobre todas las cosas a ser misericordiosos.

Hay que tener en cuenta que el padre y la madre es la primera imagen de sociabilidad, es la primera imagen de ser humano que tiene los hijos.

Aquí se puede dar el refrán: "dime con quién andas y te diré como eres", dime como son tus padres y te diré quién eres.

Si tengo unos padres inseguros, seguro que los hijos tendrán una gran dosis de inseguridad en la vida que condicionara en todas las opciones que él haga.

También esta imagen condiciona en la elección del varón o de la mujer, cuando los hijos eligen con la finalidad del compromiso de vivir plenamente la vida conyugal.

Si tenemos un padre dominante y una madre sumisa y esta conducta sea una constante en su existencia, para la hija mujer puede llegar a optar un varón dominante para el matrimonio.

En el caso del varón cuya imagen de mujer es la madre, optara por una mujer dócil.

Que preciado y grande es el compromiso de ser padres. -

Cuanta responsabilidad es el construir un hogar donde los valores morales nace de la fuente del amor, y este es el alimento de esos retoños que crece.

Los padres tienen que definir el perfil de que es lo óptimo. Si esta definición en su obrar está fundada por el sincero amor de los padres, lo óptimo pasa por la calidad de amor con los que los cónyuges se donan.

En realidad, amor es donarse, entregarse sin pedir nada a cambio. Me doy por que el tú que esta frente mío y me acompaña es tan importante, más que mi propia vida y siempre es una opción libre de mi ser.

En este ambiente donde los hijos (pequeña plantita), crecen y absorbe de lo que le da el medio.

Si mama tiene un dialogo fructífero con papa y ese dialogo es un estilo de vida, los hijos que crecen en este ambiente, tiene la convicción de que él dialogo es un instrumento eficaz para arribar, comprender, entender al otro.

Él diálogo es el instrumento en el que él Yo y el Tu pueden solucionar problemas y tejer de a dos una nueva historia.

Él diálogo es el ejercicio comunitario donde unos y otros deben llevar el bien al prójimo.

Este bien puede ser: simplemente una compañía para el que se siente solo, una caricia para el que le falta abrigo en su corazón, puede ser una palabra de consuelo en los momentos de dolor, etc.

Cuando los padres se comprenden mutuamente, los hijos aprenden a comprender.

Cuando los padres se toleran mutuamente sus propias formas de ser, los hijos aprenden a tolerar. -

Un árbol que crece en un lugar pedregoso, es retorcido sus raíces, porque buscan en la medida que crecen los espacios, las grietas que le puede brindar el terreno para poder buscar la humedad necesaria y si llueve el agua se diluye con tanta rapidez que no alcanza a abastecerse y si los otros les impiden la luz del sol y una buena oxigenación, crecen pequeños y retorcidos. -

Quizás el lugar posee un microclima espectacular y tiene el terreno óptimo, entonces el árbol es alto, fuerte, con grandes raíces. -

Quizás tenga de todo, pero el medio no lo cuida. -

Así como los árboles, el lugar dónde crecen es la familia, el terreno es lo que heredamos más lo que recibimos: agua – amor (por que el amor es vivificante); sol – verdad (porque la verdad ilumina todos los caminos que uno tome) y oxigeno – libertad (cuando uno respira aire fresco da una sensación de libertad). La vida y el crecimiento,

dependen de la cantidad de agua, sol y oxígeno. -

Pero cuántas veces hemos visto a un árbol o pequeña planta morir cuando la naturaleza le dio demasiado amor. -

Cuantas veces los padres obsesivos por sus hijos e inseguros están encimas de ellos, sin darle el espacio de libertad, terminan anulando su persona, han matado la oportunidad de que su hijo sea una persona conocedora de sus límites, del uso criterios de sus posibilidades. -

Oh cuántas plantas mueren secándose al sol. Muchas veces los padres se creen dueño de la verdad, poniéndose en un pedestal y anulan a sus hijos cuando realizan un juicio, imponiendo lo que ellos piensan, lo que ellos creen que es lo correcto.

El hijo correcto para estos padres es aquel no contradice sus normas. ¿Pero se lo está preparando con un juicio crítico para discernir lo bueno y lo malo?

Cuántas veces se mata con la verdad. O cuántas veces en ausencia de esta se prefiere al engaño, la oscuridad, porque en últimas se tiene miedo que la luz de la razón devele su rostro, tiene miedo de verse a sí mismo.

Si los padres tuvieran la posibilidad de verse a sí mismos quizás hubiese un "darse cuenta". -

Cuántas veces hemos vistos rechazar los errores ajenos, por el temor de verse reflejado en el prójimo. -

Cuántas veces hemos visto a los árboles arrancados de cuajo por el excesivo aire, porque no tiene una base firme para aguantar, no tiene una contención.

Cuando los padres les permiten a los hijos que hagan lo que quieran o se despreocupan de ellos y crecen a las buenas de Dios.

Y ¿cuál es la medida justa?

Nosotros mismos somos la medida de todas las cosas. -

Cuando vemos un árbol, lo juzgamos por su copa, por su tamaño, pero ese árbol es tal o cual, por su raíz, sin la cual no pudo haber crecido.

Las raíces de los árboles en terreno pedregoso son distintas de la aquella que creció en tierra apta.

Nosotros tenemos nuestras propias raíces que no se ven a plena luz del día pues está enterrada en nuestra propia existencia, ellas hablan de nuestro crecimiento, de nuestro pasado, de lo que hemos recibido y como lo hemos recibido, pero así también condiciona nuestro presente.-.

Cada uno es un misterio a descubrir y aceptar y en este ejercicio arduo y cotidiano es la escuela de la sabiduría.

Sócrates preguntaba a la pitonisa de Delfos, dime cual es el camino de la sabiduría y esta le contesto "conócete a ti mismo".

En ti descubrirás que era la medida de todas las cosas, en ti hay un mundo lleno de aventura por recorrer, un mundo de miedo y terror por desvelar y vencer.

Descubrirás que el miedo es la esclavitud, es lo que paraliza la posibilidad de poder ser.

Aquel que no quiere conocer sus propias raíces nunca descubrirá lo sublime que es Él y le sublime que es él Tú, nunca se sentirá que el otro me es familiar y que todo el universo es una gran familia. -

La Familia es el verdadero universo del ser humano, dónde el sano querer es una escuela de humanidad, pero cierto es que nuestros padres son limitados como limitado es el ser humano. -

Somos seres humanos tan frágiles y tan sublimes, somos divinidades contenidas en vasijas de barro. -

Así como venimos de una familia bien o mal constituida, que hace a mi propia raíz y en la medida que acepto y amo a mi raíz, me amo y amor al prójimo. -

Aquel árbol que no ama su raíz, porque está cubierta con tierra, es retorcido, cubierta con miles de fibras, ese árbol está destinado a morir. Aquel que mata su propia raíz se está matando a sí mismo. -

Como nadie da lo que no se tiene, así también nadie comparte lo que experimenta en sí mismo. -

Qué lindo es pensar "el otro es tan débil como yo" y en vez de aplastarlo con mis juicios darle una mano.

Una cosa es que Tú eres semejante a mí y otra cosa es lo que él Tú hace y al hacer no vea ni sienta que soy su semejanza y en razón de ello me hiera y que también en esta actitud yo soy reflejo porque yo en mi humanidad suele herir al Tú.

En esta dimensión humana existe una especie de justicia retributiva y arcaica: ojo por ojo, diente por diente, si me hieren, el Yo busca la venganza para resarcir el daño que me hizo, esta justicia es creación del hombre. -

Pero la humanidad no pudo hacer penetrar en la naturaleza humana como creación suya el concepto del misterio del perdón.

Es un misterio, porque el concepto del perdón nace de una experiencia religiosa, nos habla del amor que nos busca porque somos su imagen, del amor que se hace niño, que experimenta su raíz, descubre al Tu y lo ama hasta la muerte.

El amor es propuesto de salvación y los hombres al aceptarlo en nuestras existencias a través de momentos de amor, en lo que experimentamos Dios - Amor en el otro, nos redimimos.

Es el amor - Hijo que se lleva al cielo el sabor humano. -

Sin el perdón, fuente y sentido del Amor, el hombre se aniquilaría.

Por el perdón Dios Amor, me hace descubrir que él Tú es su semejanza y mi semejante y me habla de la divinidad.

Cuántas veces nos hemos matado a nosotros mismos al matar al otro. Cuántas veces nos descalificamos al descalificar al otro. Cuántas veces nos apartamos cuando apartamos al otro.

Cada vez que atento contra mi prójimo, atento contra mí mismo. Cada vez que hago daño, me daño; y lo peor que en la medida que desfiguro y me desfiguro estoy perdiendo la posibilidad de contemplar lo divino que es, estoy perdiendo la posibilidad de contemplar su divinidad de contemplar el rostro de Dios.

Vive tu vida

Vive la vida
Abriéndote a pujos
En las estrechas paredes
De tu vientre
Codo a codo
Ganando espacio,
Lo que entes era un paraíso,
Se mudó,
El cambio es inminente.
Sal, sal de tu vientre.
Sal, toma un respiro profundo,
Y exhala el grito de tu presencia.
Vive tu vida
Como si recién nacieras
Grita porque es necesario
Lastimar el silencio,
Porque lo que ante era seguro
Murió en un amanecer inesperado.
Y la tranquilidad quedo ciega,
Está dando tumbos,
Testimoniando su muerte anunciada Sal, sal, Vive la vida.
Aspira el aire temprano,
De este nuevo día,
Y exhala como león rugiente
Marcando tú presencia, Para sentirte vivo,
Haz ver que la vida, es más, Que una expresión.
Mira, siente y escucha,
De norte a sur y de este a oeste
Escudriña tu interior,
En ti esta esa melodía

Que hace florecer
Una sonrisa y una mirada,
Un pecho que estalla ante El calor del amor.
Festeja, sal de ti, festeja
El gozo de los que
Te acompaña,
Del día que nace,
Del día que pasa,
Del día que muere,
Del día del mañana,
Siempre hay un nuevo momento
Y un nuevo día para empezar
De otro modo
Atrévete a ver
la vida nuevamente,
A escuchar como si hubiese estado Sordo,
gozando de cada sonido.
Hasta el del propio silencio.
Camina con paso firme,
Mirando adelante,
Sabiendo que hay alguien que te espera.
Manteniendo siempre el equilibrio,
Camina, sin miedo, Camina, no estás solo,
Por más que no veas a nadie.
Camina y explora la vida
Olvídate de lo que has conocido
Porque lo conocido es tan solo Historia y memoria.
La vida se viste a cada segundo
De sensaciones y sabores.
Para decirte que estás vivo.
Porque no es el lamento,
De cosas perdidas,

Sino un continuo descubrimiento,
Dos miradas y sonrisas
Caricia, presencia y encuentro.

Expresiones

Una expresión,
Y se tensa la ilusión,
Detrás de una sonrisa
Y puñados de momentos alegres,
simples sin llegar a la risa
y la fugacidad de lo vivido,
que dibujo en mi corazón,
como suaves brizas,
que juega en una canción de cuna
y el ser quedo dormido.
Lo que ustedes ven es lo que soy,
a pesar de lo poco que he aprendido,
quizás mi poca docilidad
quizás me deje llevar por lo fácil,
sepultando en cada segundo
el sacrificio,
quizás no escuche o estaba aturdido,
la voz dulce del espíritu.
y si algo con abnegación viví
y viene a la imaginación viejos momentos
es lo que la vida escribió,
tan solo son recuerdos
la experiencia, los anhelos, de la vida,
zigzagueando los caminos,
esperando, y existiendo.

Como brisa suave

Esa brisa suave, que acaricia mi rostro,
pasa jugando con las fragancias a azahares.
la vida despierta en nosotros.
No cesa de pasar agua en el río,
como las simplezas de la vida
y no las miro.
Como la mirada tierna
que endulza a los ojos.
Y la vida,
¿Cuándo me dará la destreza del cazador,
que tiene a su presa a la distancia de un tiro?
Aunque de las Cosas simples,
sin muchos detalles,
no me olvido,
y en la duda y el temor
yo muero y suspiro,
por contemplar
Mi Dios tus Verdades.
Y la razón vuela en ella, a su antojo.
Como el águila por los aires,
la belleza de una flor,
aunque sea un esbozo.
Como el amor,
que transforma al corazón
en un verde valle.
Dando vida y colorido a su latir,
es más que un músculo,
con su ritmo
acompasado sonido.
y cuando le inunda el gozo,

distinto se deja oír,
Es el sonido de la vida,
Y el bien que perseguimos, Lejos del ser y de la Vida Misma
encallamos en mil y una playas.
Ese aprendizaje a traspié, un viaje de ida, hasta que llegamos a
contemplar tu Rostro.

Rastros de mi pasado

Cómo caminar con mis ojos libres,
sin utilizar las gafas de mi existencia?
Cada herida del alma es un cristal que condicionan mis vivencias.
Lo que para uno es una necesidad y un interés,
para otros, demencia.
¿Qué médico curará las heridas que a pesar del tiempo no han
cicatrizado,
y se abre ante situaciones parecidas?
Cada una de ellas son fantasmas, oculta en el pasado.
Comprender lo que soy y estas sensaciones enardecidas,
sensible a lo cotidiano
tengo que aprender a ser dueño de mí mismo,
ese es el gran legado. -
dónde el pasado es un duende y un villano.

Lo que pasa

Los años se consumen
dando sabor a la vida
sepultamos el pasado
añoranzas de cosas muertas
y el perfume de las alegrías
nacemos en un presente.
Futuro y pasado, la aflicción de nuestras vidas
Y si nacemos a la noche
sepultamos el día
viajamos con los sueños que al alma acaricia, morimos y nacemos
ya viene un nuevo día
El presente se evaporó en nuestras manos
no lo vivimos realmente,
distrajimos la mirada al sentir las fatigas,
más la esperanza del futuro nos da energía
Y ese deseo de ser lo que mis ideales acarician
y el duro trabajo de hacer
que tu voluntad sea la mía
dan sentido mis plegarias
y el verbo pertenecer
la docilidad de mis gestos
la entrega de una sonrisa.

El peor enemigo del hombre

En el pasaje del Corán como en la Biblia, habla de un mandato dado al hombre y una tentación e incumplimiento del mandato.

Pero Satán le susurró, diciendo: "¡Oh Adán! ¿Quieres que te indique el árbol de la vida eterna, y [por medio de él] un dominio que no se extingue?" (Tacha: 120)

Y [en cuanto a ti], ¡Oh Adán!, vivid tú y tu mujer en este jardín, y comed de lo que queráis; pero no os acerquéis a este árbol pues seríais malhechores!" (Al-A'raaf: 19)

Pero si escudriñamos la raíz que llevo al hombre a tomar tal decisión, "comer de los frutos del árbol de la vida".

Si comes seréis como él, seréis Dios. ¿Porque quería ser dios?, si lo tenía todo. Pero tenemos una realidad antropológica del hombre primitivo y otra el hombre llamado Adán como lo llama el Escritor Sagrado. En el fondo el hombre necesitaba sentirse resguardado de toda amenaza, necesitaba un lugar donde su propia vida no estuviera en riesgo.

El primer hombre sentía limitaciones, vamos a desmitificar y consideremos un hombre en medio de la naturaleza y su supervivencia. ¿Cómo habrá reaccionado ante una bestia salvaje? Este temía al medio circundante, las amenazas del tiempo y de los seres vivientes "del jardín del Edén". Si bien en esa relación hombre y naturaleza, el, los llamo a cada uno con su nombre, sabía que animales que compartía su realidad era más fuerte que él y podría hacerle daño, corría peligro su integridad física.

El hombre para superar ese miedo y dominar todo, necesitaba ser Dios.

El miedo o temor es una emoción caracterizada por una intensa sensación, habitualmente desagradable, provocada por la percepción de un peligro, real o supuesto, presente, futuro o incluso pasado. Es una emoción primaria que se deriva de la aversión natural al riesgo o la amenaza, y se manifiesta en todos los animales, lo que incluye al ser humano. La máxima expresión del miedo es el terror. Además, el miedo está relacionado con la ansiedad.

Existe miedo real cuando la dimensión del miedo está en correspondencia con la dimensión de la amenaza. Existe miedo neurótico cuando la intensidad del ataque de miedo no tiene ninguna relación con el peligro. Ambos, miedo real y miedo neurótico, fueron términos definidos por Sigmund Freud en su teoría del miedo. En la actualidad existen dos conceptos diferentes sobre el miedo, que corresponden a las dos grandes teorías psicológicas que tenemos: el conductismo y la psicología profunda. Según el concepto conductista el miedo es algo aprendido. El modelo de la psicología profunda es completamente distinto. En este caso, el miedo existente corresponde a un conflicto básico inconsciente y no resuelto, al que hace referencia.

{ HYPERLINK "https://www.blogger.com/blog/post/edit/2505607587221126433/4730689673417613962" HYPERLINK "https://www.blogger.com/blog/post/edit/2505607587221126433/4730689673417613962" HYPERLINK "https://www.blogger.com/blog/post/edit/2505607587221126433/4730689673417613962" HYPERLINK "https://www.blogger.com/blog/post/edit/2505607587221126433/4730689673417613962" HYPERLINK "https://www.blogger.com/blog/post/edit/2505607587221126433/4730689673417613962" HYPERLINK "https://www.blogger.com/blog/post/edit/2505607587221126433/4730689673417613962" HYPERLINK "https://www.blogger.com/blog/post/edit/2505607587221126433/4730689673417613962"http://es.wikipedia.org/wiki/Miedo HYPERLINK "https://www.blogger.com/blog/post/edit/2505607587221126433/4730689673417613962" HYPERLINK "https://www.blogger.com/blog/post/edit/2505607587221126433/4730689673417613962" HYPERLINK "https://www.blogger.com/blog/post/edit/2505607587221126433/4730689673417613962"

HYPERLINK "https://www.blogger.com/blog/post/edit/2505607587221126433/47306896734417613962" HYPERLINK "https://www.blogger.com/blog/post/edit/2505607587221126433/47306896734417613962" HYPERLINK "https://www.blogger.com/blog/post/edit/2505607587221126433/47306896734417613962" HYPERLINK "https://www.blogger.com/blog/post/edit/2505607587221126433/47306896734417613962")[1]

El miedo es la vivencia que el hombre sintió y quería liberarse por eso transgredió el mandato y pago con el sufrimiento existencial de vivir la vida y de sentir el dolor físico.

Digamos que el miedo como dice Teresa de Calcuta "el miedo es el peor enemigo del hombre".

El hombre con el tiempo fue grabando y aprendiendo la forma de defenderse y transmitiendo de generación en generación ese conocimiento y también el miedo.

Quizás como el pecado original que, para los escritores sagrados, se transmitía por la carne también el miedo. Me atrevo a decir que el pecado original es el miedo.

Basta analizar el accionar del hombre. Tiene es su profunda naturaleza el miedo.

---

1.   https://www.blogger.com/blog/post/edit/2505607587221126433/47306896734417613962

La vida

La vida es un sueño
las imágenes son los días,
de formas torpes oscuras y sombrías.
La vida es un sueño,
las imágenes son los días,
nos muestran hechos
Y manifestaciones imprevistas,
con olor y añoranzas
tristezas y alegrías.
Pasan las sombras,
las figuras y roban nuestras fuerzas y
nuestras energías
La vida es un sueño,
manojo de esencias,
el pasado para la misericordia,
el presente para el amor,
el futuro un sueño depositado
en la Divina Providencia.
Nuestro creador nos mira,
Más no como extraños
Estremece nuestras existencias
Con voz fuerte,
Gritándonos con santa porfía
Para despertar
Nuestras almas dormidas.

Una mañana

Era una hermosa mañana,
salí a la calle,
sentía la brisa que acariciaba mi piel,
y el sol me daba su calor,
sin desperdiciar en mi cuerpo los detalles. -
Señor que tengo que ocultar,
tú sabes lo que pienso,
si estoy en el llano o en el valle. -
Tan sólo te tengo a ti,
y los que tú me diste,
y este cuerpo, que tejiste,
en el seno de mi madre.
¿Porque tengo que ocultar lo efímero que soy?
¿Poniéndome cartelito, o pasacalles?
Soy como la flor del campo,
que está fresca al amanecer.
y seguro que, al atardecer,
ya no se la halle.

Tiempo y vida

Pensar que este viaje es tan corto,
señor, ante tu eternidad.
que ciegos somos,
no sabemos mirar,
queremos gozar
hasta el último instante,
porque después de los sentidos,
viene la fatalidad.
Y este viaje tan corto
ante tu eternidad,
que la luz de tu mirada,
nos despierte Señor
de esta oscuridad.
Esta panacea de fantasía
de deseos y ansiedad,
no se cansa los ojos de ver,
los oídos de oír,
mis manos de palpar,
y mi cuerpo de sentir,
esta pasión de morir a cada instante,
para luego empezar
En cada cosa que pasa
las raíces de mi ser la abraza,
y de estado no quiere mudar.
Que viaje tan corto,
y tener miedo "al llegar".
en este cansancio me duermo
en tus manos Señor.
Descanso en tu eternidad. -

El hombre niño

En lo más profundo,
hay un niño escondido,
viendo los programas de la razón,
mientras se mece
en los sentidos.
Adolescente
del verdadero amor,
aunque se muestre en pañales y escondido.
los hombres ven el ropaje, la textura, el diseño.
vanidades que se toman en serio.
Concurso de experiencia,
esclavos de lo que tienen por sufrido.
Tiene miedo, indefenso,
contempla, lo que siente,
lo que ve en la pantalla
del pasado y el presente,
estira sus manitos
acompañados de gemidos.
Encerrado en su corralito
algunas veces entretenido,
mira y desea alcanzar,
lo que la circunstancia
le tiene prohibido.
Y ese deseo de libertad
por barrotes están constreñido,
qué pequeña es la geografía de su realidad,
y hace ostentación a gritos.
En lo más profundo del ser
hay un niño escondido,
manojo de ternura,

deseando ser contenido.

Sabiduría en el amor

Quien me prestará la paciencia,
y la sabiduría del artesano,
que teje en el tiempo su ciencia,
acariciando a la materia con su mano,
desentrañando las esencias,
que en su ser tiene creado.
como armarme de paciencia,
para plasmar
la idea de amor, amando.
¿Cómo poner en el presente,
mis pertenencias,
para que tú me vayas asimilando?
¿Cómo sabría, si produciría dolencia,
lo que dibujó en mi ser, el pasado?
Lo de menos son mis arrugas
y mi presencia,
sino mis temores y heridas
que no han cerrado.
Que sabiduría exquisita
y que eficiencia,
el saber amar y sentirse plenamente amado.

Un día después

Un día después de lo iniciado,
salí a caminar,
a pleno luz del día,
sé que el cielo está estrellado,
y que la vida no es tan sólo mirar,
porque más allá de las sensaciones mías,
hay un mundo que me tiene cautivado.
ver en cada lágrima
la semilla de una sonrisa,
la del cambio, aunque lastima,
como ir lentamente
aunque estoy de prisa.
Ver, detrás del ropaje de la muerte,
está simple y desnuda la vida,
y como se la vive no es una suerte,
es la opción del morir y amar de cada día.
ver que el sentir cotidiano,
no es final del camino,
ni el templo de adoración de lo vano,
sino punto de partida de algo distinto,
dónde los sentidos se inclinan
ante el misterio por el mundo desdeñado. -

Como gotas de aguas

Como gotas de aguas,
frescas y cristalinas.
Que el viento jugar con ellas,
le fascina,
para luego estrellarla en el cristal,
así son las heridas del alma,
que, al juego de las pasiones,
lastiman,
aunque por fuera todo estaría en calma,
o ante la inconsciencia todo sea igual. -
Quién es capaz de ver,
los vaivenes del corazón,
la alegría, la euforia y el dolor,
si enmascaro todo lo que sale de mi ser,
tan solo El Señor,
que no mira el tiempo y el hacer,
sino las gotas de amor,
que puse en cada padecer,
y por ello me preguntara el Señor,
en mi vida al atardecer

Me echaré a volar

Cuando llegue el momento me echaré a volar,
seré una brisa en el firmamento
desapegado de lo humano y del andar
descansaré de mis pies lentos
y mis pensamientos al caminar
Sin esperar nada en vano me echaré a volar
mis alas serán mis ideales y no de metal
no desampararé a los que amo ahí voy a estar
no seré mero recuerdo nostálgicos al contar,
seré inspiración y consuelo
una experiencia espiritual.
Cuando llegue el día me echaré a volar,
seré dulce melodía y la luz al despertar,
iluminaré sus pasos en la vida
en distintos tonos les voy a hablar,
llenaré sus corazones de armonía
dulzura en el sentir
y verdades al pensar.
Cuando llegue el momento
me echaré a volar

Que sería

Que sería mi vida
si no viviera tan a prisa,
si no me enajenara,
si mi existencia no se parara,
a observar las cosas del momento,
no sufriría el descontento,
del soñar y querer,
me ahorraría esa angustia, por tener,
y no enterraría mis ilusiones,
al no poder.
Que sería mi vida
si no viviera a la deriva,
si no estuviera en cada esquina
esperando lo nuevo,
para estar en sintonía,
con el mundo moderno,
los esnobismos, ya no consumiría.
Que sería mi vida
si no lucharía
por tener y consumir todo,
uno sería de otro modo,
apostaría mi energía en lo verdadero,
y no bebería el licor
alucinante de lo perecedero
Ya no andaría por el mundo entero
buscando encontrarme en cada cosa
y en el goce ser yo mi dueño
Más quiero eternidad
más no lo pasajero,
todo fenece en mi existencia

como agua sin continencia
y corre entre mis dedos.
Más nada sería
si esta osamenta dormiría
con el recuerdo de lo muertos.
Duraría hasta que a la tierra
volviera mi cuerpo.
Soy más que esta materia
soy más que mis pensamientos
soy el que soy y el deseo
de seguir gozando y viviendo
soy el que no cree en la nada
por eso soy eterno.

Saldré a caminar

Saldré a caminar por las calles,
con mano atrás y otra adelante,
con la mirada en alto
sin pensar en nadie.
Verán mi cuerpo desnudo,
espero que no se espanten.
Como la desnudes causa escozor,
qué espanto.
dirán qué horror,
¿Su ser esta colmado de dolor?
¿perdió la razón, y camina alocado?
¿Estará haciendo protesta?
¿Será un iracundo?
¿seré escándalo ante los ojos del mundo?
Saldré a caminar por las calles,
tal como soy
desde el vientre de mi madre.
Sé de dónde soy.
Cual melodía de amor,
El soplo me dio,
y a fuerza de hueso y carne,
con manos tiernas me tejió
hizo todo un universo en
ella y luego ella me pario.
Voy en busca del ser,
No necesito sobre mi esencia
y osamenta algo tener,
para que esta sociedad quiera mirar.
Mis glorias no son mías,
Ellos no podrán adular.

Yo sé que continúa desnudez
Pero se escandalizarán,
arán mucho alarde,
a ellos no quiero complacer.
Camino hacia mi Padre.
Nada hay que ocultar,
no me interesa sus ropajes.
Tejidos con títulos
y glorias fugaces.
Saldré a caminar por la calle
hacia el horizonte,
a dónde el sol se oculta en la tarde,
con una mirada serena,
vuelvo a mi Padre,
mis pasos son débiles,
y si tropiezo,
él sabrá levantarme.
Mi cuerpo no se viste
de puntillas ni encajes,
el gusta ver mi desnudez,
no la carne,
él está con los brazos abiertos,
y no se cansa de esperarme.

Somos Humanos

Somos seres humanos y en nuestra singularidad
nos sentimos ufano, y nos creemos
un pensamiento celeste, un ángel alado,
estamos por encima de las gentes.
Sin darnos cuenta que
A la misma altura estamos Parados.
Nada de lo que hacemos es en vano,
todo tiene que llamar la atención.
Nuestra devoción la popularidad tan solo en cada caída, despertamos,
se nos quiebras las alas, somos seres humanos.

En el espejo

Cuán importante es de vez en cuando, sorprenderse en el espejo, fisgonearse atrevidamente, como si el que está al frente es la imagen de mí mismo con el que por primera vez interactuó, como capturando las primeras sensaciones, explorar lo que en mi produce. Ir conociendo su vida, su historia, hacer una caminada conmigo mismo frente al espejo. Hacer las primeras exploraciones de conocerse a uno mismo. Muchas veces somos extraños a nosotros mismos y vivimos con el supuesto ideal de lo que somos.

Muchas veces no somos lo que nosotros creemos.

En el Espejo

En el espejo,
Tantas veces que te vi.
Perdón, cuenta no me di,
No te había observado,
Soy yo, no me mires asombrado.
¡Cómo te fue!
Han pasado nueve años
No sé por qué, pero
Se te nota cansado
Sigues con la misma mirada
En eso no has cambiado,
El tiempo dejaron sus marcas,
Más no es la misma semblanza
De aquel joven enamorado.
Por favor, no me digas nada,
Veo el manto negro
que cubre tu cara,
¿Porque la cubriste?
no lo recuerdo,
Quisiste cambiar de imagen,
¿Querías que te halaguen?
¿O ser más bello?
Trata de aceptarte,
Eso te aconsejo,
Los cambios son buenos
Esos los que semientan por dentro,
Y con calma.
Pues el alma de toda reforma
Es la reforma de la propia alma.
¿Qué cosas más puedo decirme ante El espejo?

Trataré de tenerme paciencia
Y decidir con calma,
Dentro de unos instantes, Me rasuraré la barba.

Soledad

Suspensión en el espacio
Y el tiempo, del dar y comunicar
tan sólo un deseo de hablar,
y un diálogo mudo que se deja
estar y estar
el encierro llama
a su amiga la desolación
las dos se aman
y gestan una depresión
esta loca de mi corazón,
despiadada e inquieta,
que me oprime,
ay mi dios, me aprieta.
y los ojos cansados
por querer y no poder llorar,
esos diálogos frustrados,
o tan sólo, como estás hay soledad
que la vida te arrulle mecida
y te deje atrás,
por favor déjame en paz.

Aproximación a Eva

Pido silencio a la brisa,
que con humildad y grandeza
no tan lento y ni tan a prisa
lleva los mensajes de la naturaleza.
Pido a las estrellas del firmamento
que no se sientan heridas,
que su destello mi alma admira,
y mis ojos sin cansarse vieron,
pero por más bellas que sean,
no son a ellas, la que yo quiero.
No es comparable con la belleza
de la flor,
ni con el perfume que desprende,
ni la tersura de sus pétalos,
se compara con su candor.
Ni con la hermosura de un paisaje,
dónde los matices,
es la pluralidad del color.
Es la simplicidad de su amor
el que no tiene preconceptos,
ni encerrarla en un mensaje,
de palabras felices.
oculto a los hombres.
La que le da esplendor.

Eva

Qué encanto tienes mujer
tan pura y cristalina,
que con los ángeles te confundes,
amor y creación divina.
esa mirada con que endulzas,
cual capullo que se abre
al comenzar el día,
desvanece lo amargo
en mi caminar por esta vida.
no sé qué embrujo,
lo que me asusta y abriga,
cual perfume de la flor
que a la mañana da lozanía.
y vuela a mi imaginación
ante tu belleza mi niña,
no sé qué pensar mi Dios,
de tus manos salió un día,
eres una suave brisa,
un rayo de sol,
una embriagante melodía.
si los ángeles sintieran,
la entonarían. -

Varona

Caminando por la vereda
ella no estaba distante,
tan sólo a un tiro de un guijarro,
hacia voltear hacia ella
los rostros expectantes.
Pero los mantenía lúcidos,
sin producir desmayo.
Su figura esbelta,
en su cadera,
una suave cadencia,
que a cada paso imponía su presencia,
era natural, sin ningún ensayo,
dejaba a mi ser diletante,
nadie sabía quién era,
era toda la sensación
que renovaba mis sentidos
sin ser primavera,
y me dejaba palpitante.
Se movía al compás
de una melodía interesante,
sus curvas dibujadas con destreza,
eran más graciosas que el
humo de mi cigarro.
Desnudaba a los hombres
de sus buenas intenciones,
y de sus bajezas.
La hiciste hermosa seductora y fascinante,
pero su cuerpo,
es tan sólo una parte,
ya que su ser

cual bella melodía
es parecida a la mía,
pero disonante,
endulza y acaricia
reposa y da la quietud,
a la ansiedad más llameante
Hay formas que determinan
otras que condiciona,
son formas las que nos encaminan,
son las formas las
que nos apasionan
y nos lleva a construir
una armonía.
Oh la disonancia del infierno
Cuando no las respectamos
Y la sometemos a porfía.
Aunque él no quiera comprender
Y algunas veces retoba,
el ser del varón canta:
"Esta es hueso de mis huesos
carne de mi carne por eso,
la llamaré varona.

Amar no es sentir
Libre tus alas al viento,
sin límites en tu sentir,
Tu mente liviana decide volar,
Los sentidos y lo que sientes te hace vivir
Pero sentir y sentidos no es amar.
Porque amor que ama no tan solo siente.
Si no es atraído sin entender,

Si no siente la sinrazón de la mente,
Que, por no comprender,
Que uno es fascinado por lo bello,
lo bueno y la verdad
Porque no hay choque tan profundo,
Ni impacto tan certero,
te dejas dislocar,
Sensaciones que no se mide en este mundo
Cuando en el amor, la verdad, lo bueno y lo bello aflora.
Y tu dejas en ti aflorar.
Amor, amor, palabra de luz,
Brillante y misteriosa
Vida y muerte es poca cosa
Poca cosa dejarte atravesar,
Amor, amor sordo y ciego
Con pasos seguros te hace caminar,
Amor el más hermoso bien,
En el alma, en lo profundo,
Y la verdad del amor que la razón
No termina de aceptar.
Es un camino sin luces,
tenebroso oscuro,
En el corazón del intelectual,
Es brisa fresca y suave bálsamo en el sabio,
Que el egoísta suele descuidar

Las Paredes

Cuatro paredes mudas
un silencio profundo.
A lo lejos las personas
haciendo su propio mundo.
Con mis pies sobre la alfombra,
una melodía escucho.
Me haces una visita
Oh viajera impertinente.
¿Es que yo te día cita?
Creo que no,
tú eres la que viene,
más no estoy demente,
Por lo que a mí me concierne,
tan sólo eres mi dulce recuerdo,
con la loca de la casa
juegas en mi mente.
Cual fantasma del Amor,
del cual yo disfruto,
de las ruinas del pasado,
te haces presente.
Como si fuera un embrujo
Tu recuerdo flota en el ambiente.
Mientras mi vista contempla,
como la brisa danza
con los arbustos,
Mientras el vidrio empaño,
Te haces consciente,
a pesar de los años,
Sólo es una imagen,
Tú estás ausente,

y en esa batalla diligente
me envuelvo y lucho
cual materia inconsistente es tu presencia,
un compendio de palabras e imágenes,
mi corazón siente,
y yo veo y escucho.

Oh Señor

Hijo del Amor Verdadero
gracias por lo que vive mi corazón.
Gracias por la dulce flor y ese, te amo,
que queda en el camino,
y siempre espero.
Señor tu permites,
que con su aroma
y color impregne mi ser,
y me embriague entero.
Cuando más abro mi corazón
hacia ella,
cuando digo: mi doncella,
mi dulce amada
cuanto te quiero.
huye de mí.
Sin más consuelo,
mi alma cae en soledad,
como si estuviera en el averno,
dónde el desamor
hiere sin consuelo.
Jesús, tan solo
es un hermoso amor,
que no doblegó mi cuerpo.
ni alentó el deseo
de consumir todo lo que ella
puede brindar
en un momento pasajero.
Amo, y hay cosas que no comprendo,
y estas sensaciones
que me acompañan,

desde hace tiempo,
cuando tan sólo me contentaba,
con contemplarla desde lejos. -
Qué sentido tiene la vida
consciente de que vivo,
y por vivir a cada instante muero.
Es como una mano que se da,
una mirada que se lanza
buscando un encuentro,
la mano queda siempre vacía,
y la mirada perdida
en la profundidad del espacio y el tiempo.
Misterio del corazón,
que abrazo y por abrazarlo me quemo,
todo lo pongo en tus manos,
todo lo que llevo adentro,
por hoy me siento cansado,
por favor,
Mi Jesús, ven a mi encuentro.

Duerme

Duerme, mi pequeña, duerme,
goza de la paz de tu sueño,
con el rostro tranquilo,
tu cuerpo relajado, inerte,
eres la flor de tu lecho,
y mis ojos no se cansaron de verte,
y el cuidarte me mantiene en vilo. -
muestra la paz de tu alma,

estás lejos y distante,
por dónde andarás viajando,
sin prisa y con calma,
tan sólo estoy a tu lado
como un ángel de la guarda,
tu rostro me ha embelesado,
¿qué sensaciones hechizantes,
una dulce sonrisa te ha dibujado?
¿Quieres saber si te extraño?
solo se añora lo que no se tiene,
una pasión del momento,
el deseo fresco de ser amado,
"el amor" que se lleva en el bolsillo
como moneda de cambio,
la medida de la entrega,
a cambio de lo entregado,
Se añora el buen gusto,
las cosas de antaño,
más no eres un objeto al que yo quiero,
y dejarlo al lado de mi vida
después de ser usado.

De tanto esperarte

de tanto esperarte
se me alargó el día
los segundos fueron años
los minutos una vida,
el prójimo son sombras
encerradas en sí mismas,
cada uno con su espera,
con su mundo y fantasía
mis ojos se pierden
en la multitud y lejanía
un trasfondo de murmullos
el estruendo de motorizadas materias frías.
y yo buscándote
como niño que de la madre se extravía,
las agujas del reloj
quedan intranquila,
como una quimera
tan prometedora y vacía,
te escurres de mis manos
oh felicidad perdida
de tanto esperarte
se me paso el día.

La varona

Tus labios,
con su sensual sonrisa,
me hechizan,
se resecan los míos,
ahí están,
tan apetecible me motivan,
y despierta mi ser tibio
a la faena de la conquista.
tus figuras
hecha con manos suaves
y hermosas curvas
quisiera acercarme
confundirme en un abrazo
dónde no existe el espacio,
y en un suspiro sin espantarme
y el cálido susurro:
"ésta si es hueso de mi hueso
y carne de mi carne".
como parte que armonizan
un todo me sacas de la quietud,
despiertas mi escondida juventud,
de cualquier modo,
atino tan sólo a contemplarte

Ella

Así es Ella,
la que despierta mi naturaleza,
le da fuerza y vigor,
y sin sonidos guturales
tan solo un dulce suspiro,
dónde el ser se estremece
y se siente vivo,
y mi presencia despierta,
el temblor de su cuerpo,
un mensaje furtivo,
y una mirada tierna,
hacen gala a mi amor

En el Jardín

En el jardín de mi vida
hay una bella flor
contemplarla mi alma atina
extasiada de su esplendor
dulce encanto de la naturaleza
salida de la mano de Dios
Su perfume me embriaga
sus pétalos suaves son,
mi vista extasiada,
obnubila mi razón.
Es un placer contemplarla
este regalo de mi creador,
No puedo dejar de mirarla,
embelesado estoy
Señor, tuyo es el momento,
no me quites su presencia hoy.
Aunque peque por cargoso,
otra razón,
no entiende mi corazón. –

Mujer y soledad

Dulces sueños de corazón entenebrecido,
aprietas en tus manos
ese horizonte lejano
ese silencio frío
Quién te dio la estocada,
¿quién despertó el dolor?
¿Quién quitó de tus ojos
su natural brillo,
tu luz y tu encanto interior?
Quien tejió tu destino
con cansancio y temor
Trabajadora inagotable tu descanso,
en el olvido.
Con manos suaves tejes en la nada,
en el abismo,
no te dejes adormecer
en tu soledad y ludibrio
Una brisa suave,
Tu imagen me trae,
tus entrecejos entristecidos
el deseo de tu presencia,
mi interior despierta,
y se violenta a gritos
Tomate una oportunidad,
no acunes tus yerros,
déjalo en el olvido,
pues mira que te busco
mas no seas mi veleidad
no es el instante ni un gusto
Quisiera ser la mano abierta,

que se dona en felicidad,
Para tus ojos la claridad
Para tus labios una sonrisa
de una paz cierta
quisiera en la soledad
del desierto,
con palabras dulces,
a tu corazón hablarle,
Quisiera ser tu medida,
holgada y abundante,
quisiera ser el cáliz del amor
dejarme tomar y enamorarte
cubrirte de encanto y embriagarte.
Quisiera callar tus tristes gemidos
plantar una flor en tu pecho
borrar lo ocurrido
ser bálsamo en tu lecho
más tengo miedo a espantarte.
Dos vidas dos pasados
vivencias ausentes hecho historia,
que condicionan este presente.
dos formas de ver la realidad,
pintada de distintos colores,
pero no diferentes.
dos formas de mirar
a los ojos de pedir amor,
quererme y quererte.
y esa obra de arte,
el amasar la armonía de lo cotidiano,
dónde sonrisa y dolor
es mío y tu parte.
Pasado con pasado

presente con presente
y nuestras manos en el fragor,
de armar esta esperanza,
y el futuro que nos hace soñar con vivencias,
que todavía no se la siente.
Este amor es renuncia,
y una abnegación paciente,
es el roce de dos seres encarnados,
que desean tenerse,
buscando esa eufonía eterna
un estar junto, más allá de la muerte.

Eres

Eres mirada trasparente
y en tu ser no hay dureza
eres dulzura de la gente
en las contrariedades, firmeza
Eres mirada de niño suave
gorjear de gorriones
un profundo suspiro
mis sueños y mis ilusiones
Eres amor noble,
que no exige pago,
eres lozano abrigo,
de mi corazón callado,
eres majestuoso vuelo
de pájaro alado. -
Eres tierna, mi inocencia, pura
cálida existencia serena
tú eres, ternura.
Más yo te amo.
Vives dentro de mí,
eres sentimiento,
vida y una lágrima,
que se consume al viento.
Eres la idea más bella,
que me deja extasiado.
Eres el tierno susurro,
y la brisa suave,
eres la oración más bella
de mi corazón enamorado,
más no te añoro,
te llevo a todo lado.

Mi alegría

Mi alegría es verte feliz,
aunque por ello,
tengo que estar crucificado.
Mi ser está dispuesto a la entrega,
mi corazón goza con lo entregado,
sin medida, sin saldos, ni retazos,
no cobro tarifa, ni estipendio,
no es por horas,
si quieres aceptarlo.
No cobro interés,
si por ignorancia
de lo que doy es usado.
Soy el que me entrego,
y no es por el momento,
soy una puerta abierta,
cuando tu corazón
quiera sentirse cobijado,
Más para ti,
quiero ser un encuentro. –

Para mi ser

para mi ser iracundo,
eres el remanso,
para mi debilidad,
una plegaria,
cuando estoy esclavo de lo que vendrá
y de lo que cambia,
eres la paz de la quietud,
un canto a la esperanza
La claridad del nuevo día
entra por mi ventana,
sujeto a mi desidia
me oculto en mis sabanas
doy fuerzas a mis fantasías
mas no llegue la mañana
Eres mi suave alegría,
mi mujer amada.
quiero seguir contemplando
tu naturaleza creada
te quiero seguir soñando
ya que das sentido a mi poesía

A la espera

Cerré la puerta
y no dejé las llaves en el cerrojo.
para cuando las aves al posar tu alcoba,
con sus trinar desvelen
tus bellos ojos.
Verás que las hojas de tu rosal no están muertas.
Quizás el amor sople tu alma,
en tu amanecer,
sienta mi ausencia.
pongas en la balanza
malas y buenas vivencias,
y sentirás el sabor humano
que mi amor despierta.
Sabrás que no soy
el peor de los reos,
ni la más pura propuesta.
No soy el triste gemido,
ni la felicidad suprema de las fiestas.
ni la esencia del bien,
tan sólo imagen,
que sin tener la destreza
del manejo de uno mismo,
con el mal tropieza.
¿Vendrás corriendo sin esperar ninguna señal?
Yo esperaré,
apoyado en la puerta,
con los brazos abiertos,
de par en par.
tan sólo estoy aquí,
por si acaso te decides entrar.

Quisiera

Quisiera tener en mis manos, el tiempo,
los recuerdos hechos carnes
escribió mi experiencia del pasado
El futuro, son los sueños
que con la fuerza del deseo
yo he lanzado
pero todo es frivolidad,
cuando tú no estás a mi lado
Tu mirada llega a mis ojos
cual hilo de miel,
dulce y dorado los sentidos del tiempo
se quedó en la puerta
y nosotros estáticos.
El devenir murió,
nos contenemos,
y estamos cobijados,
sólo nos dejamos llevar
ante el gozo y lo gozado
que dibuja los sentidos
en nuestras carnes.
Nuestros seres transportados,
el amor nos lleva de viaje
y el presente que se ha eternizado.
Moviéndonos en una suave melodía
no importa la geografía, ni el espacio,
tan solo el amor,
detiene los minutos, los segundos,
tiene ese poder mágico Un alma y un dolor
El ambiente era espeso, herir más la realidad no se podía,
había tantas lágrimas,

y sollozos a porfía.
Había tanta oscuridad, tan sólo el dolor se sentía.
Y tú estabas, arrastrando tu pesadilla.
tan solo te contemplaba,
y nada te contenía.

¿A qué ángel le voy a robar para ti, un gozo, una alegría?
Mi pequeño pimpollo, *que,* entre las gentes, dolida,
el sentimiento de muerte con penar tejía,
y como cruces clavadas,
entre ellas caminabas.
¿De dónde voy a sacar una luz de consuelo para mi niña?
Una gotita fresca, para sus ojos, un manto de esperanza,
que caliente su alma entristecida?
como consolar tu corazón, alondra herida.,
si comprendiera, que las cosas ya no son,
como antes las sentías. el sollozo de la noche,
no es el mismo a plena luz del día.
Y tu fiel compañera y amiga ya no es la misma.
algo cambio, se muestra distinta.
Ya no abrirá la puerta de tus sentidos,
para desearte un buen día.
Hay que aprender a mirar la vida.
Un susurro en tu alma será su compañía,
nada ha cambiado, sino la percepción es distinta.
Hay que aprender a captar, y no es un antojo,
tan sólo lo esencial
es invisible a los ojos.

Aquellos dulces momentos

Analizando mi historia,
matizada con vivos sentimientos, reavivaron en mi memoria,
aquellos dulces momentos,
eran nuestras páginas, tú en mi las escribías en cada encuentro,
gozo, rizas y lágrimas, que tan sólo ahora
las guardo en mi recuerdo,
experiencia del alma,
sentimientos vivos, no muertos.
Si en el camino de la vida, se entrecruzaran los nuestros,
la panacea de tu fragancia desentrañaría,
lo llevo ocultando en el tiempo.
Las nuevas sensaciones se unirían, y saldría a luz
los viejos pensamientos,
¿Serán tan dulces y lozanas como la de aquel día?
El tiempo ordenó mis cargas y no soy el mismo por dentro, descortés
ya no sería,
sólo un simple rocío,
que en el anochecer de tu vida cae del firmamento.
frescura a tus pétalos yo daría,
y encerraría los fantasmas del tiempo.
Tu camino y el mío ataría

Detrás del cristal

Detrás de ese cristal en la que yo miro,
mis ojos no se cansan de avistar, la flor que tengo a tiro.
Tan suave y callada, dulce doncella transparente que arranca suspiros,
no es necesario la palabra para expresar el hastío,
lo dice todo con su mirada, El hilo de tu amor Cada vez que me alejo,
algo de tú viene en mí,
desenrollas el hilo del corazón cuando te dejo,
con ese mismo,
atas mis sentidos a ti.
No importa dónde yo esté, mi existencia con el tejo,
tu figura que contemple,
lo he bordado con vivos reflejos.
Y cuando la vida nos llama
a amarnos sin complejos,
el hilo se tensa
del yo al tú y del tú a mí,
por más que mis ojos no te vean,
y tu ser esté lejos,
sé qué al final de esta madeja
tu estas ahí,
esperando mi regreso. -

Amor mío

¿Oh corazón mío, estás ahí?
te haces presente entre las sombras lejos de mis ojos, pero mi ser te
nombra,
te siento tan presente y mía
pero tengo que volar mucho
para encontrarte en la lejanía y el gozo de tener,
este soñar despierto
es una pérdida de la realidad
un mundo nuevo he descubierto
Este amor si es sacrificado entre el tiempo y la distancia está clavado.
amor que ama sufriendo
amor de amantes sufrientes
dos pasados, dos vidas diferentes,
el deseo de tejer algo
en común, vivir eternamente
dos vivencias hecha historia ya ausentes,
dos formas de ver la realidad
dos formas de conocer
dos formas de sentir
la proximidad de tu piel y mi piel
dos formas de mirar
bajo un mismo querer
y el trabajo cotidiano
de dibujar la armonía
no necesito crayón,
ni acuarela tan sólo tu compañía
Este traer del pasado
y sembrar en el presente
es la esperanza del futuro
aunque no se lo siente

Este amor es renuncia,
y abnegación paciente
el amor es el roce de dos seres
encarnados que desean tenerse
buscando esa armonía eterna un estar juntos,
más allá de la muerte.
Amor, es decir, Perdóname, cuando el egoísmo campea latente,
Esa brisa suave que penetra, suspiro melancólico del viento,
una melodía viaja por los aires, y amarrado a una espera mis
sentimientos.
La luz penetra el vidrio,
y mi corazón por el momento diletante,
un universo enrarecido de añoranzas,
mis sentidos despiertos, palpitantes.
Una esperanza se diluye,
una agonía,
y tu mujer no estás para amarte.

Gracias

Gracias por el amor
con que tú me prodigas.
Buscando los momentos
con secreta armonía,
me regalas una mirada,
delicada,
y el suave gozo de una caricia.

Gracias por el amor
que tú me prodigas,
y la magia con que ocultas
esos amargos momentos,
que aflora en la vida,
y la palabra justa,
a tiempo y no tardía,
corriges mis defectos,
y lo dejas ocultos,
a cualquier miramiento.
Y ordenas mis sentimientos
para la entrega.
Sin caminar por el filo de una medianera,
de dónde se divide
las tristezas de las alegrías.
nada te perturba,
tu nobleza siempre al día.

Si nuestros cuerpos

Si nuestros cuerpos dialogaran
sus expresiones serían libres,
sin mediaciones,
espontáneas,
un canto a la belleza,
ausencia de palabras
no necesitaríamos decirnos algo,
tan sólo una mirada,
sin necesidad de un te amo
un gesto y una suave mano
que acaricia y no descansa
y el roce de tu piel
como el hilo dulce de la miel
llevaría hasta la locura
a mi ser.
Si nuestros cuerpos dialogaran
nuestros movimientos serían una danza como la brisa hace mecer la
flor
como el armonioso vuelo del águila
suave melodía,
nuestro amor sería,
un mundo de sensaciones,
el amor tierno de la infancia,
pero entre tú y yo,
la diferencia del ser ya no existiría
yo en ti y tú en mi sin distancia.

La llama del amor

No se apagó la llama del amor
todavía sigue prendida,
la he mantenido con dolor,
cada vez que he muerto
en esos instantes de mi vida.
Que te busque con furor,
¿Quién lo negaría?
Te necesitaba mi piel,
Mi ser y mi cuerpo,
y esas largas agonías.
La amarga pócima de soledad
a hiel sabía,
las tinieblas y la melancolía,
a mi corazón quiere doblegar,
pero te sigue siendo fiel,
y un suspiro mi alma contenía,
¡Oh luz de mis ojos,
ven a mis heridas a enjugar,
te espero a porfía.
Como una bella flor
al que se le cuida con denuedo y celosamente escondida
a fuerza de esperanza
desde el alba
hasta el fin del día.
No se apagó la llama del amor
todavía sigue prendida.

No sé cómo decirte

Mi niña hermosa,
Mas no quise herirte,
Tan solo, con tu presencia no quise,
afrentar la belleza de aquella rosa.
El roció la había adornado,
la noche la vistió,
con frescas gotas.
Por momento me sedujo,
tan sólo atine a mirarla
un instante arrebatado,
entre juicio de valores
y un poco azorado,
tu majeza me detuvo.
Humillación para la pobrecilla
Si la tomaba
y la llevaba a tu lado.
No sé cómo decirte
tu guapeza es indescriptible.
Mil conceptos
mueren a tus pies,
sin poder resucitar.
Eres mi oración en una
Noche estrellada,
Que mi alma suele contemplar,
Oh experiencia de mi ser,
tan sólo te vivo y se vive,
como te lo puedo manifestar.
Es tan propio de uno
es muy particular
y no sería oportuno
si te diría lentamente,

si mi voz fuese un canto
o un simple susurro,
si cantaría tus encantos
¿pero no son las palabras esclavas del tiempo y el espacio?
Más todo quedaría en vano,
No sé cómo decirte,
sin que te lo propongas,
toda mi vida se disponga
a un querer y una conquista.
tus labios tan tentadores,
me endulza tu sonrisa,
y se reflejan en tus ojos
la nobleza de tu alma,
cual agua cristalina,
me refrescas y me calmas
me das tu frescura y lozanía.

Tan sólo tú

Tus ojos es como el rocío que con su peculiar brillo da frescura a la flor.
siendo simple,
tu mirada me acaricia muestra tu lozanía
refleja tu interior.
Tú me miras y me cautivas, soy un pequeño insecto y tú el farol.
Cautivado se golpea hasta que cae muerto en tierra
habiendo contemplado su fulgor
Tú mirada de ángel alado me indica el camino,
las cortadas y los collados,
pones barreros a mis ánimos,
sin importar si estás herida tan sólo me levantas,
cuando yo he tropezado.

Te sigo amando

No te he dejado de amar, aunque parezca mentira, eres un dulce
presente, a lo largo de mis días.
recuerdo aquellos momentos y mil poesías. No te he dejado de amar,
aunque parezca mentira,
No te he dejado de amar, aunque parezca mentira,
sigues tan fresca y radiante con tu lozanía
aunque te siento distante
te observo desde la lejanía no te he dejado de amar
aunque parezca mentira.

No te he dejado de amar, aunque parezca mentira, tu imagen y la
noche
y después de la noche el día y mi ser espera noble,
arrobado en tu imagen, en su dulce fantasía.
Tan sólo me lleno de vos para no tener mi alma vacía no te he dejado
de amar
aunque parezca mentira.

Una noche

Una gota de crema en el cielo pintado travesura de Dios, al cual alabo,
y dibuja los techos, y escasos tejados,
la generosidad de la luna regala sus rayos,
una imagen, una mujer, tejes mis sentimientos,
bajo el cielo encantado, la mitad de mi corazón.
duerme a mi lado.
la otra vuela en la noche sin rumbo fijo, hacia el norte,
como una copla que retumba, entre los cerros pelados.
el sueño con las estrellas se quedó jugando,
pero ya vendrá en el momento menos pensado. mi ser desfallece,
los grillos a lo lejos con sus cantos, rompe la quietud
el sonido de los autos una brisa fresca
acaricia mi rostro quieto impávido
en este presente
tejo mis sueños del pasado trae la frescura de un valle lozano. y ese
aroma de mujer
señor, estoy encantado,
como tejiste ese hechizo
que me tiene postrado?
Misterio del corazón ciencia del amor no develado,
desfallezco en ese gozo,
pero estoy crucificado,
esa bella mujer está a mi lado, y mi ser busca al norte
a los pies de los cerros pelados me quiebro,
por alcanzarla más señor,
pero estoy clavado
me siento cerca de Ti.
en la incertidumbre de amar,
y más no ser amado,
como tú, un corazón que se rompe y sangra,

una cruz y cuatro clavos.

No me importa

No me importa el tiempo vivido ni la impronta que dejo,
aquellos momentos sufridos, cuya imagen en mí quedo, me importa tu
mirada,
dulces saetas, que en mi ser quedan clavadas.
No me importan los días, que mi existencia va desgranando, no conté,
en mi calvicie,
cuántos pelos se han caído, y cuántos van quedando, ni gravé los gozos,
ni cuanto he reído.
Me importa tu presencia, mi dulce tesoro escondido,
me importa la soledad que desterraste,
cuando mi ser cargaba el ludibrio.
No me importa las arrugas que dibuja en mi piel la vida me importa el
dulce calor de tu fiel compañía.

Tan solo

Solo en el tiempo y la distancia,
mi alma como un lienzo dibujó una mujer,
que hablan de sensaciones y añoranzas.
El suave perfume de tu piel juega en mi imaginación.
Ya no soy el mismo de aquel, es historia mi juventud,
y un mundo sin terminar de descubrir,
mi infancia,
de mi tierna edad traigo tu fragancia,
que me habla del amor sin vivir.
Ya no llevo en mi bolsillo una ilusión.
Tan sólo en un papel exteriorizo un boceto,
un gozo, una emoción,
y volteo hacia atrás para ver en ti mi imagen,
y me siento expuesto
obra inconclusa en un panel buscando una conclusión.
Como una obra que llama,
a Flor de piel,
Ser con amor completada ya que le falta
algunos colores
el retoque mágico del pincel,
Tan sólo con el hilo mágico de tu mirada,
tejo en mi existencia, una valoración.
Una sensación de lo que soy Y quiero ser.
Ya no soy el mismo de ayer, pero estoy creciendo con vos.
Ya no es necesario repetir mil veces lo que siento, lo ves en mi mirada,
te llevo en todo momento
a pesar del tiempo y la distancia mi más preciado don,
dónde mi alma descansa.

Nos separa la distancia

Cuantos firmamentos, el sol alumbro,
desde que tú estás ahí.
Cuántas primaveras despertó la naturaleza
para contemplar tu belleza.
Cuántas veces pasé despacio, sin elocuencias,
sin portento,
para gozar de tu estampa,
más imponente que el firmamento.
Tan sólo estas ahí, hermosa, cautivante.
Ni tan cerca, ni tan distante,
sonriente, mas no indiferente.
nos separa la calle
y tú en la vereda del frente.
sin poder hacer nada.
Tan sólo sueño que me transformo en una abeja y vuelo, ciego y
embriagado
por el aroma de tu dulce néctar, y lucho por tomarla
en un dulce beso.
La realidad me despierta crucificándome,
muero lentamente,
todo en silencio.
Sin huir de tu presencia mis pies se hicieron raíces y crecieron
con el tiempo.
Vivo, pero no vivo muero en cada momento por una migaja de cariño,
como agua fresca, una mirada, algo que me haga sentir vivo,
y no sentir a mi alma esclava

Si tú no estás

Qué sentido tiene la belleza de una rosa,
contemplar las estrellas,
sí, mi corazón no es movidos por ellas,
y sentir que están envidiosas,
por ser tú la más bella.
Qué sentido tiene estos sentimientos,
que con amor en mí has engendrado.
Si en el momento menos pensado,
la vida me despertara
y tú no estás a mi lado.
Qué sentido tiene tu ternura, tu mirada palpitante,
gotitas de agua fresca y pura, que me refrescan a cada instante.
¿Quién me llamara a la reflexión, despertando en mi la cordura?
¿Quién dará seguridad, a mi corazón vacilante?
¿Quién hará brotar una sonrisa cuando estoy desolado?
¿Quién me levantará al tropezar en mi camino,
y tú no estés a mi lado?
¿Quién me dirá "no te preocupes se feliz" cuando estoy
mal humorado?
¿Quién corregirá mis errores, me hará la contra
y los pormenores, lo patético, lo ridículo?
¿Quién me hará sentir, en mi cerrazón,
un niño malcriado?

En mi corazón

En lo profundo de mi corazón, llevo el elixir de tu amor.
El que me cura las heridas, el que me da calor,
el remedio de mi agonía,
por tenerte adoración.
Oculto como un tesoro, a los ojos de la gente, lo llevo yo.
Y como el buen vino que el tiempo temple, su aroma y su sabor.
Corazón mío, que ganas de embriagarme de ese néctar regalo de Dios.
Sentir tu presencia, tu mirada y tu voz.
Sentir mi nombre en tus labios, dónde el mío apaga tu oración.

Rezo de mi corazón enamorado, misterio que cargo,
y contemplando voy.
Misterio que se escapó de mis manos,
mis dedos no contienen los años,
en la que mi ser sigue arrobado, y con la puerta abierta,
ese culto de tu presencia, no importa el tiempo,
estas dónde estoy.
Y aquí puesto de hinojo,
De mi espíritu y carne,
Hice una oblación,
En la que mi ser sigue esperando de su Dios.
el momento del encuentro,
dónde desaparecerá el tiempo,
la mirada, la sonrisa y la voz,
La distancia será el pasado, yo estaré en ti extasiado,
y tú en mí, en perfecta unión. seremos ángeles alados,
dando gracias a Dios.

Oh rezo de corazón enamorado, lo más hermoso de la creación.
Amada mía,
tú eres mi bien,
embriagas mi razón,
te mantienes distante,
mantienes mi alma en vilo,
expectante,
de una dulce mirada, de una consolación,
esperando el encuentro,
esperando tu amor.
Quizás en esta vida, mi cruz,
sea la espera.
La perseverancia, mi perfección.

Quizás el encuentro sea cuando la carne muera,
cuando quede libre,
de los sentidos y la pasión.
Más en las manos de Dios
está el momento,
en mi corazón la oración.

He perdido

He perdido la agilidad del amor,
ya no son agiles
mis movimientos,
Como el tenor, perdió las letras de sus arias, y con ellas los
sentimientos,
consolándose con tararear.
O como el ave en su vejez que con el ademan de volar se contenta
y extiende las alas,
así es mi alma,
ante tu presencia cae extasiada
y el ademán de un vuelo
ante mi mirada,
calculando la distancia
tu eres la presa
He perdido la vieja agilidad del amor
quizás fueron los años
que sus sabores amargos dejan.
Dibujaron en mi rostro,
el dolor,
ya no arriesgo tanto,
la vejez del plumaje
se llevó el encanto.
Tan sólo te observo bella y quieta
mas voy a lo seguro.
la ansiedad, ya no me aprieta, cazo sin apuro,
más no juego con mi presa
He perdido la vieja agilidad del amor,
dulzura, tú que estás hecha
de carne y sangre en las venas
y ese fuego que viene de vos a mí,

y de mí a vos, quema.
Tú estás ante mí y mis fibras no toleran,
yo queriéndote devorar y tu mi presa
He perdido la vieja agilidad del amor. y la melodía del encanto, no sé
cómo empieza,
si empezaba con alegría, o con una lágrima,
preludio de un llanto.
Es una obra inconclusa paso tanto tiempo y no sé cómo recomponerla
y las heridas se abren
fantasma de la felicidad más bella.
Me dejo llevar por mi cuerpo que también te recuerda
me dejo llevar por mi cuerpo porque de tú
tiene experiencia.

En mi Oración

En mi momento de Oración,
Señor te pedí,
"del manto de estrellas,
regálame la más bella",
Y tu mano generosa me dio,
A mi pequeña doncella.
y en su sonrisa descubrí,
En su mirada suave y serena,
Tu Ser en su Ser,
Que con la majestuosidad
Del águila en paz vuela.
Luego, te hable del cuerpo,
De la esbeltez de la mujer,
Me dijiste que los estereotipos
Te dan rizas,
"Todo lo que sale de mi es bello,
no importa lo alto,
ni lo pequeño,
ni la quietud del alma,
ni la prisa,
esta pequeña con su peculiar destello,
te dará lozanía y gozo
como la fresca brisa. -

Quieres unas palabras

Para que quieres una poesía, Es la forma rápida de matar La palabra.
Es enterrar los sentimientos.
Para que los arqueólogos De la verdad,
escudriñen Su sentido.
Resuciten los gozos, y las lagrimas
Testigo de lo sufrido,
Tejido en el tiempo. -
Podrán ver,
que en esta orfandad
¿De tu amor soy mendigo?
Mírame a los ojos sin decir
Mas palabras,
Mira que mi ser, Liado está a tu alma.
Y cuando tu existencia esta
Celosa y encaprichada,
En puros movimientos
Dejas a mi alma helada.
Esclavo de ti soy,
Como el fuego y su flama.
Si me pides,
me causas dolor,
mírame a los ojos,
mírame por favor,
veras que soy tu poesía,
mi carne es el papel,
las letras son tus caricias
con que me prodigas,
muriendo en este atardecer.
Que pruebas quieres
Pruebas sin razón,

Fíjate soy tus letras
Que vive con toda su expresión
Mírame a los ojos,
Mírame por favor,
No ves que hasta música tiene,
Con el ritmo armonioso
De mi corazón,
Y en cada compás,
Canta tus letras,
Tuyo, por siempre mi amor.

A mi mujer

Anoche soñé un bello bosque
con suave perfume,
con su verdor,
fascinante como de costumbre,
Tu presencia en cada flor.
Creí ver tu figura,
Mi ser te buscaba,
encontré un arroyito que jugaba,
con sus aguas cristalinas,
haciendo bellas curvas,
vi tu mirada simple y fina,
y tu alma en ella descansaba.
Levanté mi mirada en la lontananza,
cual pájaro libre que vuela y canta.
el aroma suave de la tierra virgen,
dónde no toco la mano humana.
De tu vientre es tu imagen,
dónde Dios tejió a mis hijos
y luego los bendijo,
insuflándole sus almas.
Sentí, que la tierra da todo de sí,
Cuando a las hierbas amamanta.
La alondra alimenta a sus pichones,
empolla sus huevos la torcaza,
igual que tus pechos,
dan vida cuando mis hijos
succionan y descansan.

Al amanecer

En la mañana
cuando me levanto,
la aurora se avecina,
los pájaros con sus cantos,
adorna el nuevo día,
la lozanía de tu rostro santo.
Tú estás dormida,
Descansa tu figura
En tu encanto mecida.
Tu cuerpo adorna mi lecho,
tu ser un cielo escondido,
tú eres carne de mi carne,
pensamiento de Dios,
que a la vez es mío.
Tu figura dibujada
en el cubrecama,
tu rostro cual estampa
adorna mi almohada.
Señor....
¡qué bella idea tuviste al moldear su carne
en tus manos santas!
Ese soplo vivo que salió de tu boca
es su hermoso ser
que su materia soporta.
Extasiado no dejo de mirarla,
una ternura me arrebata,
mientras desgrano los segundos, dentro de un éxtasis profundo,
la realidad se escapó por la ventana,
la ahuyento el tiempo efímero,
para dejarme solo y contemplarla.

Caminando

Anoche caminé por mis calles,
solo, taciturno,
sin que nadie me acompañe.
Recuerdo tu mirada,
que recrimina mi voz cansada.
Anoche caminé por mis calles,
sin tener un rumbo fijo,
llevo el silencio de los valles,
tu imagen y mis sentidos,
mi amor no me dañes,
mas por ti, siento,
luego existo.
Anoche caminé por mis calles,
por más bellas que sean las estrellas,
me interpelan, más no me atraen,
me quedo con tu rostro de doncella,
que Dios quiso darte.
Te contemplo con suavidad
Me alimento de ti con calma,
Que la ansiedad no me prive,
De degustarte,
te miro sencillamente,
sin vanidad,
En el espejo de mi alma.
Anoche caminé por mis calles,
y siento que tú me atañes,
das sentido a mis pensamientos,
soy tu vehículo,
tu viajas adentro,
no soy lo sublime,

trato de ser confortable,
en la noche,
mis estrellas y mis calles.

Si la Vida

Si la vida con sus hechos te golpea,
que no resuene en tu ser esos eventos,
queriendo dejar huellas y heridas, para luego respirar por ellas en
cada momento.
Por más que el dolor clave su clásica daga,
que no te cause extrañeza, mi niña,
quiero que estés preparada,
para que no quiten el brillo de tus ojos,
ni la suavidad de tu mirada.
No permitas que te hagan daño,
ni con hechos, ni con palabras,
con altura contempla el obrar ajeno,
más no le des la espalda.
Que no dobleguen tu firmeza,
y sé prudente con la lengua,
que a demasías alagan,
del apego que te deja tristeza,
y de los que te miran como una cosa,
usan y defraudan.
Que no te quite la frescura,
de la eterna primavera,
que tiene tu dulce alma,
que no arrebaten,
de tus tiernos labios,
esa bella sonrisa,
que al corazón calma.

Prometo

Prometo no tomar,
lo que Dios no me ha dado,
ni tomar tus pétalos a mi antojo,
ni hare mía tu aroma,
que me tiene embriagado.
Prometo no ser el que ocasiones tus heridas
ni la añoranza de lo hermoso que fue el pasado,
como una canción de amor ante la cual llora,
el corazón enamorado.
Prometo no ser ave pasajera, en tus momentos encantados, ni el hambre
de la felicidad entera,
ni la palabra en la boca,
de lo que es un justo reclamo.
Prometo no atraparte para mí
ni matar la libertad del corazón,
antes prefiero ser esclavo, más te amo mi flor
libre en tu prado.
Prometo no ser tu esfuerzo desolado,
ni el sonrojo al ver
que tus ojos han llorado,
no quiero ser la mirada lejana, aunque estés a mi lado,
aunque responda a tu cristalina mirada y contemple
tu rostro lozano.
Prometo no forzar la distancia ni el tiempo del encuentro, aunque mi vida sea
como el café helado por pensar en ti,
paso el momento y no
lo he tomado.

No quiero arrancar tus pétalos, aunque mi piel de ti, quede
impregnado,
te amo libre y entera, aunque tu aroma
me tenga embriagado.

Mi familia

El sol corre la seda estrellada,
hermoso estampado,
pinta el cielo diáfano
con sus rayos dorados.
Un nuevo día anuncia,
fresco y lozano,
así son tus ojos mujer amada,
con ese amor,
llenos y cargados,
con sabor a divino,
y con el sentir humano.
Cuando levanto mi cabeza,
cual oración que borra lo profano,
me visto de esperanza y entereza,
sabiendo que mi vida no es en vano,
el fuego de tu amor me da fuerzas.
En la lucha diaria, me acompañan tus manos,
tu imagen viva me da certeza, que, al morir el día, tu corazón es dulce
remanso.
Veo esos retoños de olivos,
alrededor de mi mesa,
síntesis de este amor vivo,
dibujada en una vida de grandeza,
esos ojitos con sus peculiares brillos,
el corazón se agranda en la entrega,
el orgullo de mi ser y vivo,
al ver en ellos la imagen de mi naturaleza.

Cinco Saetas

Tengo cinco saetas en mi aljaba,
fuerzas de mi brazo,
seguridad en la batalla, las llevo conmigo
siempre me acompañan por cuestas, llanos
y oscuras quebradas.
Tengo cinco saetas en mi aljaba,
y una flor siempre endulza mi alma,
compañía en mi soledad un grito de esperanza, providencia de Dios,
cuando las fuerzas se acaban.
Tengo cinco saetas en mi aljaba,
fragancia y fortaleza desde la alborada, regalo de Dios,
amor que no se acaba.
Luz de mis ojos,
no sé cómo pagarte,
no sé cómo darte gracias.
Tengo cinco saetas en mi aljaba,
regalo de Dios, fruto de amor
en el tiempo y la distancia.

Cinco gotas

Cinco gotas de rocío,
cinco gotas en mi bella flor,
cada una con su brillo,
cada una con su esplendor.
Cinco gotas de rocío,
adorna mi bella flor,
más puro que el diamante fino,
con incalculable valor.
Cinco gotas de rocío,
dan frescura a mi bella flor,
mi ser se siente movido,
por la simpleza del amor.
Cinco gotas de rocío,
dan vida a mi bella flor,
son mis cinco hijos,
cinco gotas de amor,
gozo y destello divino,
en mi bella flor.

Vuelvo al mismo lugar

Vuelvo al mismo lugar de siempre,
a buscar el brillo de tus ojos,
lleno de esperanza,
como el sol naciente.
A recoger las ultimas sensaciones
que me volvieron loco.
Vuelvo a tejer tus caricias,
que mi cuerpo bien ha recibido,
y sentir tu melodía intima,
de tus dulces gemidos.
Canción de amor
y yo un oyente,
para que no estés a la intemperie
y tu cuerpo tenga abrigo,
a las puertas de mi ser,
puse cerrojo,
para que no te lleve,
la distancia y el olvido.
Vuelvo a embriagarme de a poco,
con el dulce aroma de tu piel,
trato de ser tu alimento y gozo
y un suspiro noble y fiel.
Oh pensamiento divino,
de mi ser y tu ser.
Pensamiento hecho uno,
aunque estábamos
en distintos vientres,
Aunque mi madre diga que era suyo,
pero tú eras mi mundo,
mi cielo y mi juguete.

mi vida ya te llamaba,
y te gozaba,
antes de nacer.

Toda una vida

Toda una vida para llevarte,
a los lugares más recónditos,
con tan sólo pensarte,
descubro un mundo insólito.
Un universo de espacio y tiempo,
y rompo estas barreras
con tan sólo amarte.
Y en las hojas de mis pensamientos,
dónde se dibujan sensaciones e imágenes,
hago un alto en mi viaje,
para contemplarte.
Como gotas
que desbordan el recipiente,
y sin contener lo que está recibiendo,
me embriago contigo
y parezco un demente,
así soy yo, no me limito a soñarte,
no sujeto a este molde,
mi amor es libre como el viento.
Y llego como una brisa rozando tus mejillas,
y ser de tu paisaje,
una parte.
Y el caramelo dulce de mis sentimientos.
No importa dónde estés,
he sembrado en ti la semilla,
de lo que he sido,
soy y seré,
para que, viajando en tu historia,
puedas encontrarme.
Con mi amor heriré tu alma,

en mi cáliz juntaré tus lágrimas y con ella refrescarme,
sentiré que aún me amas,
al finalizar cada tarde.

Cuando te hayas ido

Apagaré la última estrella, dejaré de regar el jardín florido, las flores no
tendrán a quien imitar, cuando tú te haya ido.
El sentir de la melodía más bella,
que alma alguna haya oído,
de mi corazón voy a callar,
ya no escucharé la vos de mi doncella.
Todo queda en mi recuerdo,
Todo en su sitio,
Desgranare vivencias,
En mi te haré resucitar,
Aunque tú te haya ido.
A los cuatros vientos,
la fragancia de tu piel,
voy a desparramar,
y borrar todo lo que mi carne
contigo ha aprendido.
Tan sólo cuando mi ser
sin desasosiego esté perdido,
tu aroma traerá tu presencia,
así no caerás en el olvido.

Pecado contra el amor

Duerme, duerme mi niño,
duerme que ya es muy tarde,
aprieta tu osito,
como quien
busca cariño,
pues ya no vendrá tu padre.
Duerme, duerme mi niño,
no sé cómo explicarte,
aunque tu vida no sea la misma,
quizás en su inconsciencia,
no quiso dañarte,
tan sólo recuerda su sonrisa
porque ya no vendrá tu padre.
Duerme, duerme mi niño,
comprenderás cuando seas grande,
quizás los recuerdos te hagan salir a la puerta y esperarle,
quizás te visite de vez en cuando,
un día jueves, domingo o martes,
quizás te sientas abandonado,
duerme, porque no vendrá tu padre.
Duerme, duerme mi niño,
duerme, duerme mi ángel,
mi dios, que no quede desprotegido,
duerme, duerme, no lo extrañes,
no te sientas desamparado,
yo estoy para cuidarte,
sueña, sueña mi hijo,
porque ya no vendrá tu padre.
Señor, no sé en dónde estuve,
que es lo que me distrajo,

en ese instante.
¿El peso del amor
Le dejo cabizbajo?
Se fue tras la fragancia de una rosa o
el color de una mariposa,
logró embriagarle.
duerme, duerme mi niño,
duerme, duerme mi ángel,
también es culpa mía
de que no esté tu padre.

Tan sólo un viaje

Prepararé mi equipaje,
Ya no llevare mis mejores trajes,
ni zapatilla de todo andar,
a pesar de que me aleje,
no tendré que caminar,
una mirada al infinito
una última oración
y me echare a volar.
Llevo en las maletas de mi ser,
algunas virtudes,
aunque algunos no la vean
y otro duden,
en el morir siempre pude,
silenciosamente resucitar,
una esperanza, una luz, un soñar.
Pero nada es mío,
tan sólo del amor,
esa fuerza, que es gozo y dolor,
me interpela a obrar.
La muerte es tan sólo un cambio,
es un desnudarse ante Dios
pensar en ella, es de sabio,
para no echar raíces,
en lo innecesario,
Cuando despleguemos las alas
no nos sintamos atados.
Veremos que no desaparecemos,
sino que estamos.
Que los sentidos, no confunda,
aunque vean mi cuerpo frío

que el dolor no siembre duda
cuando mis ojos no tengan brillo
busquen en la fe la visión
y encontrarán alivio.
Tan sólo es un cuerpo,
que cumplió su etapa.
Yo soy,
quien mueve estos músculos.
El que produce una sonrisa,
una carcajada.
Yo soy,
un alma, una energía espiritual.
No sé cómo conceptuarla,
Yo soy,
quien da la vida a esta carne,
y por darle vida esta encarnada.
Aunque sus sentidos
no me vean lo mismo,
voy a estar,
mi ser espacio no ocupa,
ni se va a un lugar.
Es tan sólo un estado
que uno consigue al amar,
si no amaste, la infelicidad,
y si lo hiciste un gozo experimentarás,
Verás el principio y eternidad de la vida,
y unida a ella vas a estar.
Que los sentidos
no los engañen
no los voy a abandonar,
porque yo soy su padre,
a la par de ustedes voy a estar

ejercitar el alma es menester
a sentir la presencia de mi ser
cuando estén solos
en algún atardecer,
y el dolor los viene a amedrentar,
como suave susurro
sus vidas voy a endulzar
haciendo compañía,
yo ahí voy a estar.
Amén a Dios
y a sí mismo,
de ese amor amen a los demás,
que la oración la matanga intactos, el hacer el bien sea vuestro ideal,

porque el tiempo
es un simple suspirar.
De esta forma,
con los ojos del alma,
muy pronto
me podrán mirar.
cuando se preparen
para el viaje,
una mirada al infinito,
hagan la oración final,
y cuando quieran
sus alas despegar
yo soy su padre,
ahí voy a estar

Agüita Fresca

Agüita fresca que baja de los cerros,
refresca mi alma,
que busca consuelo,
¿cómo caminar con calma,
sin echar raíces en este destierro?
Oh luz radiante del sol
eterno dame esa luz que me falta
porque en esta oscuridad me pierdo.
Como cuesta levantar mi pie
y hacer un paso pequeño,
con la mirada al cielo.
Sin tu fuerza no puedo cortar
lo que me une al suelo.
Y mis alas son pequeñas para volar
y superar mi peso.
Yo solo no puedo,
lo que hago es esperar hasta que tú
vengas a mi encuentro

Te perdí por el momento

He perdido mis pensamientos, esos frescos diálogos del momento.
En esas mañanas,
cuando mi alma
hacia tu inmensidad volaba.
Ese bello susurro de eternidad,
yo atento escuchaba.
Cuando tú te entregabas
En amistad.
Tan sólo un recuerdo son esas vivencias,
para algunos, un escape, para otros, demencia,
para mí era tu presencia la que me llenaba.
Sin la noción del tiempo, tu ser en mí reposaba,
y la espera de un nuevo encuentro, de la dulzura al sufrimiento pasaba.
He perdido tus pensamientos, He perdido tus palabras.

En un disquete

En un disquete guardé mi pluma,
los movimientos y tus voces,
con conceptos tu dibujabas,
tu vida y la mía.
Más no era tu portavoz.
Oh hechura del hombre que tanto elogiaba.
Guardé tus visitas, tus ojos, y tu bella sonrisa,
adornadas con palabras.
Como si sentía, el desamor envidia,
me dio una estocada,
tan sólo en un instante,
y todo quedó en la nada.
Todo es recuerdo, ya hace tiempo,
anida en mi alma. Te llevo en aquí adentro con la frescura del alba.
He perdido mis pensamientos tan bellos cuando me hablabas,
dibujados conceptos, escritas las palabras,
en un procesador de texto que en un disquete guardaba.

Señor yo herí

Señor herí a la alondra,
que todos los días me visitaba,
que, con la dulce impronta de su canto,
a mi vida sentido daba.
Señor tú conoces mi torpeza,
no toleré tanto encanto,
más me asusté
al sentirme embriagado.
¿Señor por qué pasó?
Con las lágrimas contenida en sus ojos,
se fue volando,
alejándose de mis manos torpe,
que le hizo daño.
Señor desde que se fue,
algo me falta,
mi ser la extraña,
la contemplo desde lejos,
prodigando a los que son dignos,
con su canto.
Señor, que el presente y el futuro
están en tus manos,
tú que curas las heridas
del presente y el pasado,
que el puro amor que tú nos da,
de la adversidad sale acrisolado,
dile que la espero,
Señor la estoy esperando.

Si preguntan

Si preguntan a dónde fui,
diles a un lugar distante,
mi corazón juega ahí,
entre el cielo y la tierra,
es el mundo del principiante,
buscando mi niñez,
de dónde un día hui,
pero no es en la luna,
ni en martes.
Si preguntan a dónde fui,
diles a calmar mi ansia
a un lugar dónde elegí,
el valle del silencio,
a buscar la más dulce fragancia.
Si preguntan a dónde estoy,
diles a dónde no existe el tiempo,
y la distancia,
es mi refugio a dónde voy,
dónde magia
y los sueños de la infancia
me dan fuerzas hoy.
si preguntan que estoy haciendo,
diles, que para el común de la gente nada,
diles que estoy orando,
y si es que están viendo,
tan solo estoy con mi Padre,
dónde mi ser descansa.

María

Dios te salve María llena de gracias,
Mira a este pobre ser
que, de hinojos,
tus pies abrazan.
¿Cómo comprender al amor que me hace niño y me devuelve la
infancia?
Refugio en mi desolación mi dulce esperanza,
me acuno en los cuencos de tus manos,
bellas y santas.
Que tu manto me abrigue,
y me embriague tu fragancia,
contemplo, esta devoción,
ante tu mirada santa,
Dios te salve María
la llena de gracias.
Que se eleve mi ser hacia vos.
como los pájaros,
que contemplan el sol
y trinar jubilosos
ante el alba,
cortad mis raíces,
que a la tierra me tiene atrapada,
que voy hacer con mi corazón
¡Oh mi madre amada!
hay tantos sentimientos,
en mi pecho hace eclosión,
una caja pequeñita,
pero de gran resonancia,
yo sé qué me comprendes
más lo veo en tu mirada,

levantas mis manos,
en ella aprieto todo lo que me pasa,
abrázame, dame calor,
llena de gracias,
soy mi propio enemigo,
dame la paz ansiada,
eres compañía en mi camino,
Oh llena de gracias.

El pecado

Señor tengo el Alma cansada quise eternizar esos instantes
de esperanza humana,
tan sólo por un goce
mi alma ufana,
tan solo por lo efímero quedo extasiada,
me solté de tus manos,
se perdió mi mirada.
Señor tengo el alma cansada, de tanto buscar refugio,
de hacer del hombre una morada,
día todas mis riquezas y artilugios, y me quedé sin nada.
Señor me siento solo más extraño tu dulce mirada, tus ojos me dicen
todo,
porque nadie me acompaña,
como niño he caído en el lodo,
me apoye en una caña cascada,
se quebró de repente y mi
alma quedó lastimada.
Señor dame tus manos,
las mías están postradas
quiero volverla a levantar
quiero que mis manos a las tuyas queden atadas,
quiero volver a entonar
el canto de la confianza,
El Señor es mi pastor,
nada me falta.

Una súplica de vuelo

Quiero una pócima de sueños
unas gotas de relax
que el presente pase
que no le importe a los demás

Que mis experiencias se
Desgajen, se sequen como el heno
y queden atrás.
Tan sólo frente a Ti
Tan sólo ante tu Altar
que escudriñe tu dulce mirada
que recorra todo mi ser
he aquí mi alma esclava,
sin alas para volar,
aunque hacia Tú, intento correr.
Señor me faltan las alas
de la sincera libertad
más que no sea un sueño sino una realidad
que mis energías en el vuelo sea la verdad
más me siento cansado a los lejos quedaron
las ilusiones de niño en su más tierna edad,
Tú me miras, me escrutas, más no tengo palabras para regalar,
¿Señor cuál es mi hora?
dame mis alas
y me echare a volar.

Señor tus manos

Señor me pongo en tus manos ellas son mi refugio,
en mi debilidad, mi amparo,
y cuándo al caminar viene el tropezón,
me encuentro sucio, me levantas ante tu rostro, y me muestra la sonrisa
del perdón,
pues me lavan consolándome con una dulce canción.
Señor me pongo en tus manos, es la paciencia del amor,
siempre extendida, esperando,
En mi alegría, en mi dolor y cuando la soledad, enajena mi corazón,
son ellas mi abrigo,
mi cobijo y me dan calor.

No quiero

Yo no quiero tus sacrificios
Ni tus oraciones
Ni tus largas devociones
Tan solo fíjate
En tu hermano.
Que su corazón llora,
Y su boca no canta canciones.
No quiero tus misas,
No quiero tus confesiones,
Si no te fija en tu hermano,
Que su estómago cruje horrores
Mientras tú crea tu luz, Creando tus honores.
Mientras tú tiras el pan,
Te cubres de excusas y
Bordas con finas puntadas
Tu existencia,
La coloreas con explicaciones. No quiero tus palabras vacías Tan solo
acciones.

Nada es tuyo

De lo que te doy,
Toma lo necesario,
No cuantifiques demasiado,
No te apropies
De los que otros necesitan
Tu señor en el madero
Señor que estás colgado en el madero,
amando desolado,
entregándote por entero.
Señor que estas en el madero,
amor que deseas que arda,
en lo secreto del hombre,
lo expresas tan sólo con
la mirada, ese deseo eterno.
Señor que estás en el madero,
quiero amar
y ser parte de tu fuego,
amar como tú,
con los brazos abierto y con altura,
Aunque te tiene crucificado sujeto a tierra,
tu ser vuela hacia el cielo,
y cada instante es una entrega,
hacia el Padre,
un te quiero.
señor que amas
y lo haces desde el madero,
tú me miras
y sabes lo que llevo adentro,
aunque mi ser explote,
enséñame a conjugar

FRANCISCO ANTONIO CAMACHO

tu verbo eterno.

Hermano mío

Te vi subir por el camino,
con ansias y ataviado,
¿Vienes a contemplarme, aquí en el calvario?
Que te atrae de mí, para darte,
no tengo ningún denario.
Veo tu fina ropa,
y títulos nobiliarios.
¿Algo te conmueve?
¿O vienes a darme, en mi sed, ese líquido avinagrado?
qué bien te viste,
a los ojos de los hombres tienes fascinado,
yo tan sólo estoy desnudo,
apenas un trapo,
tapa lo que mi padre
me ha dado.
Porqué cargas tantas cosas,
desvístete,
quédate libre,
ante aquel que te ha creado.
Olvídate del consuelo,
con que suele embriagar
la conciencia,
los seres humanos.
Es verdad,
es lindo sentir fama,
y por el mundo amado,
sentirse el centro
y por mil cielos elevado,
desde arriba se ven pequeños esas criaturas
que son tus hermanos.

Ven quédate conmigo,
no me dejes sólo,
ya siento mi cuerpo helado.
Rompe las cadenas
que te tiene atado,
en ti esta la fuerza,
mi Padre ya te la ha dado,
rompe las cadenas,
y quédate conmigo
crucificado,
entrega tu vida,
y verás que el cielo,
es amar
y una eterna paz,
a pesar no sentirte amado.

El Río

Cuando por primera vez fui al río, tan solo mi atención se centraba en él, me cautivaba su continuo devenir, su pasar entre piedras y piedras me relajaba, su murmullo me transportaba suavemente a la casa de mis padres.

Pero a medida que volvía, encontraba nuevos detalles, como las urpilitas se acercaban a sus orillas y bebían de esa continua fuente de vida. Antes no la notaba, pero es como que ellas, se hicieron amigables a mi figura y sin temor alguno empezaron aparecer o yo a descubrir, ese hermoso reino animal como por arte de magia.

Era suficiente cerrar los ojos y quedarse tan solo a la escucha de la naturaleza y ella como madre hablaba.

Bastaba con abrir despaciosamente los ojos para encontrarme con aves: palomas, que tupi, cardenales, celestinos, horneros, naranjeros, ruiseñor etc. Tan solo era todo un espectáculo ellos no me temían, estaban allí.

Entre los follajes de los árboles aparecían como unos pequeños perros con cola larga y moteada que salían vergonzosamente al atardecer, yo no los conocía.

Un día en la pirgua de mi abuelo, donde se guardaba el maíz, los pollos dormían por la noche, una vez era todo un alboroto, un co co co ro co co y otro co co ro co co ensordecedor, mi abuelo se había levantado y como curioso que era, le seguía de cerca. No me había dado cuenta que Él, se había levantado con la escopeta y una gran linterna.

Se dirigió a la pirgua y no encontró nada, siguió alumbrando las ramas del tala que tocaba el techo de la pirgua, ahí estaba, guauuuu el perro de cola largas y moteado, repentinamente sentí un estallido que me hizo sobresaltar, mi abuelo le disparo, dándose a la fuga, no sé qué cosa dijo él con el entrecejo fruncido, yo no me restablecía del zumbido que sentía por dentro...

Las gallinas tuvieron un rato, comentándose entre ellas lo ocurrido.

Al volver a la casa mi abuela le pregunto, esa comadreja de nuevo, si contesto, y se me escapo.

Ahora me doy cuenta una cosa, perro petiso de colas bien largas y moteadas se le dice comadreja.

Todavía no sé si quieren comer el maíz o algunas gallinas.

Si señores había muchísima mazorca de maíz en esa bendita pirgua, de ahí mi abuela desgranaba: si era de choclo blanco, se lo molía ya sea para la mazamorra y/o el locro. Si era el choclo amarillo, se lo molía y después se lo pasaba por el mortero y tenía polenta y una hora de mortero o más, harina de maíz para los tamales.

Así es, maíz para acá, maíz para allá y de vez en cuando para los pollos. Se comía tanto maíz de la más variada forma, que, si nos acercábamos al fuego de la cocina, corríamos el peligro de explotar como aunca (pochoclo). -

Y no hay que dejar de lado, "el famoso choclo y batatas asadas" a la orilla del fuego, que manjar, bueno me estaba olvidado de la humilde batata, nos hinchábamos tanto que parecíamos sapo rococó.

Le decíamos así, porque era un sapo grande, que, al tocarle el lomo, se hinchaba, mostrando una apariencia tres veces más grande de lo que era. Mi primo Toro, y le llamo por el apodo Toro, lo conozco con ese nombre, con el nombre que mi tía pensó durante los nueve meses de gestación no sé hasta el día de hoy, bueno como decía, amaba mucho a la naturaleza, realmente tenia debilidad por ella, hacía que este pobre animal se hinchara, y como les decía, se inflama extraordinariamente, triplicando su tamaño, pero este ángel de dios, no se quedaba ahí en sus intenciones, contemplando al animal como se defendía, lo aplastaba con el talón y este explotaba, era su juego una diversión para el matar ese pobre animal. Yo no pude hacer eso, más me daba una gran pena.

Bueno nosotros entre el choclo asado y las batatas parecíamos sapos rococós, mi abuela creo que se preocupaba, de que las tripas estén siempre vivas y trabajando.

Todo era un coro el sonido que llevamos encima. En la profunda oscuridad de la noche, cuando mi abuelo repartía la bendición a todos y apagaba el mechero, se sentía, después de que casi todos dormían profundamente, un gran concierto de notas en do mayor hasta un mi sostenido. Esto era una gran sinfónica, que, con sus afinados instrumentos de viento, deleitaba a los oyentes (que estaban despiertos y simulando estar dormido), la obra "Dorotea y tripas infladas opus 3. Algunas veces había algunas fugas y era muy incómodo salir corriendo al baño, ya que estaba separado de la casa como a unos 30 metros y en la oscuridad con el mechero a cuesta.

Como les decía, el río era mágico, cuando has entrado en dialogo con él, te sentía en una perfecta unidad con todo lo que ocurría alrededor. Todo mágicamente tenía sentido, todo era vida que se extendía más allá del horizonte, tu alma viajaba proyectándose, si seguía viajando, traspasaba el corazón de mi madre y de mi padre, y todo se volvía tan cercano que podía escucharlos y abrazarlos. Lo sentías a tu lado y sentías lo que ellos a su vez sentían. -

Yo soy

Soy, un loco soñador,
Con mis sueños fascinantes,
Creo en el amor,
En mi camino Caminante.
Soy, un poco atrevido,
Impetuoso y delirante,
Y el deseo de cantante
Que lo tengo escondido
Creo en la vida
Misteriosa y errante
La que me deja cautiva

Con sus imprevistos
Esos que se dan al instante
Soy, el que desea gritar,
Para no pasar por reprimido,
Soy más corazón
Y por eso estoy dividido
Por lo que no comprende
Mi razón
Soy, el que una sonrisa,
Que quiere conquistar.
Para no entrar en desazón
Para sentir la sensación
De lo vivido
Y el gozo de poder amar
Soy un poco futuro
Un poco pasado
Mas tú mi presente
Soy la alegría, de
Alguna forma, al tenerte,
Soy el que te ama
Libre, sin uso, libremente.
Soy un viento alocado
Que pasa a mil por horas
Soy una palabra dulce Al hablarte,
Quizás no sea al que tu
Adoras,
Soy como soy
Déjame en mi silencio Amarte.

El niño y el río

El niño sereno está
A la orilla del río
El agua entre piedra va
Alegre con su canto
Alegre con su brío,
Imágenes y sensaciones de antaño,
Que es también mío,
Paz, serena paz y abrigo
Recuerdos que mato el tiempo,
El devenir en un instante
Se hizo presente,
Afloraron los sentidos,
Todo como un haz de luz,
Todo de repente
No tan solo el corazón,
También mi mente,
Sintió el cobijo.
A través del hilo mágico del amor
Su madre distante,
Su madre ausente.
El antiguo esplendor,
De esas miradas dulces,
Que se busca

Entre el canto del rio

El río Calera, de la entrada a la propiedad de mis abuelos materno, se encontraba al este y corría de norte a sur. No era muy caudaloso, pero el hecho de ir a pescar con mi hermano Carlos y mis primos era toda una aventura. Su caudal de agua no era grande, pero suficiente como para sentir su canto mientras saltaba de piedra en piedra. Su sonido me daba paz, y mi mente viajaba hacia mis Padres."

Vinimos a la casa de mi abuela, porque momentáneamente ellos no podían tenernos. Mi padre, iba ser operado ya que padecía de una ulcera al estómago y mi madre tenía que cuidarlo en el hospital. Tan solo mi hermana tuvo suerte de quedarse con ello. Si bien, la vida en el campo nos tenía ocupado de aventura en aventura, cuando mi alma sentía un remanso, al escuchar en canto del río, estar en sus orillas contemplando ese devenir constante, mi corazón y mi pensamiento se echaban a volar para viajar lejos hasta ellos.

El nombre del río, se debía, a que en su lecho había piedras de cal y seis kilómetros arriba había una cantera o mina donde se explotaba o sacaban dichas piedras."

Cuando las cosechas no eran buenas, mi abuelo iba al rio sacaba las piedras y producía cal para vender. Es que el dinero en el campo es muy escurridizo, no todo lo que se sembraba generaba ganancias, así que algunas veces, ni dinero había y mi abuelo como no se dejaba llevar por delante con las situaciones adversas, nos mandaba a nosotros a traer piedras, como si fuera una tropa de asalto. Íbamos al río en una vieja y crujiente carreta, como la de los colonizadores, movida por un lento y perezoso buey de cuernos largos. Siempre rumiando y con unos hilos de salivas que caían desde sus mandíbulas."

Al llegar de esa cansadora pero siempre divertida faena, se bajaban las piedras de la carreta y se la alojaba en un pozo, ordenadamente haciendo una pila sobre unas vigas de maderas entrecruzadas. Debajo de estas, había un habitáculo, un poco más pequeño donde había un montículo de leña seca donde se la prendía y se formaba una gran hoguera donde en fuego abrasador queriendo escapar entre las piedras produciendo un sonido rugiente. Mi abuela, que siempre de cosas concretas sacaba sus enseñanzas de moral, nos decía: "vean chicos como se queja el fuego, bueno, aquel que se porte mal y no reza de noche, así van a gritar en el infierno"

Con el inmenso calor, Las piedras al fundirse o cocinarse, se transformaban en cal viva, que luego se la embolsaba y se la vendía a las ferretería o corralón donde se comercializaba materiales para la construcción."

Cuando era niño, este río tenía un poder mágico, me llevaba al corazón de la misma naturaleza. Ahora es sinónimo de la vida, (ahora comprendo a Tales de Mileto cuando decía, que el elemento constitutivo de la naturaleza es el agua), con un continuo movimiento constante. Nunca se puede vivir la misma experiencia de vida de la misma forma. En este río hay piedras como son los problemas que, al vivirlo, lo superamos o algunas que son grandes lo redondeamos y seguimos viviendo, nada nos detiene.

La vida es tan plástica, que rodea, cubre mide y acepta el tamaño de las dificultades, goza y acepta cada tramo que pasa, no se detiene para mirar el terreno recorrido. Siempre entregándose y calmando la sed de la tierra, humedeciendo haciéndola fértil.

Y como este río, que se sacaba piedras en los momentos difíciles para transformarla en cal. Qué actitud tomamos ante nuestros problemas (piedras), nos quedamos quejando o lo transformamos en algo positivo. Nos quedamos estancados o al aceptarlo lo superamos.

Señor gracias

Señor gracias por la vida
Que me diste al nacer

Gracias por los momentos
Vivido que me hiciste aprender
En esa escuela la familia
Que me vio crecer
Señor gracias por el tiempo
Por las circunstancias
Que tuve que vencer
Gracias por los desafíos
Que dejaron surcos en mí ser
Gracias por que todavía,
Por vivir, tengo amanecer.
Gracias por tantos presentes
Que ahora son sabiduría,
Pero son amor y lágrimas Del ayer.
Agracias por mis amigos
Por los que tuve
Y partieron a tu Ser.
Gracias por lo que
En mi sembraron
Y por lo que yo en ellos Sembré.
Gracias por los que tengo
Tesoro de amor
Tesoro que alumbran
Y me hacen ver
Que la vida es hermosa
Cuando en mi aprendo a querer.
Gracias por los que vendrán
Los que compartirán lo mío
Lo que me dejaste
En esta experiencia rica
De vivir y donar mi ser

Llevando las vacas

Eran las diez de la mañana, el sol derrochaba todas sus bondades en este verano, que se mostraba con un cielo celeste, diáfano, no existía polvillo en el ambiente y como para amainar el tórrido calor, la vida nos regalaba una brisa suave que refrescaba el cotidiano vivir.

El fresco desayuno al pie de la vaca ya había quedado atrás, mi abuela ya tenía lo que la sabia naturaleza le dio temprano. La leche de todos los días y el calostro, para la cuajada con miel de caña. Ya estaba cargada la olla de hierro con el maíz y agua hirviendo a fuego lento. El ambiente en la cocina era caldeado, pero el aroma que recorría libremente por sus alrededores, se dejaba percibir y ponía al tanto a los sentidos que sacaba de su letargo a mi imaginación, un plato generoso de mazamorra con leche.

Había que llevar los animales al cerco, ya dieron lo suyo. Toro, astutamente tomo el caballo moro, al que sentado se sentía un hidalgo, su semblante cambiaba y su mirada se agudizaba como un águila en búsqueda de su presa. A mí me dejaron una mula medio osca y como no era diestro para esos menesteres subí cerca del anca, como era mañosa y le gustaba morder los tobillos en un ágil movimiento circular que sorprendía.

Mi primo apodado "Toro", haciéndose el distraído, o como quien tomo distancia de nosotros, con su machete corto una rama y luego de deshojarla, la transformo en una delgada vara. Como mi vehículo era perezoso, se quedaba un poco relegado respecto al resto de la comitiva.

Él se tomó el tiempo, se bajó del moro como simulando acomodar el pellón con la silla, me dejo pasar adelante y sigilosamente como gato del monte que acecha a su presa, pego un latigazo con la fina vara en la nalga del animal, el remedio no tuvo su efecto, ya que esta, en vez de caminar más rápido, empezó a corcovear locamente, y yo sin la destreza de un buen gaucho, salí despedido, como decía mi abuela: "más rápido que moco y pavo".

Quiero aclarar que, hasta el día de hoy, nunca vi un pavo resfriado y para el colmo que estornude. Lo que sí sé que cuando los perros estaban en la cocina y olisqueaba la olla de comida, ni lerda ni perezosa mi abuela le tiraba en el lomo del animal un poco del caldo hirviendo. Gritándole "perro mañoso ya cuando sienta este olorcito te vas acordar y vas a tener miedo". A decir verdad, todos nos quedábamos quieto por la duda, pero al pichicho no se le veía las patitas de tanto correr.

Como decía, fui lanzado por esta mula loca, más rápido que perro quemado con agua hervida. Caí con toda mis asentaderas en la tierra pedregosa.

Me quede quieto, tan solo quería respirar y que mi fuerte dolor de espalda pasara, Toro y mis otros primos no paraban de reírse. Los accidentes como estos no tenían dramatismo, en el campo era normal y un elemento más para contar cuento y experiencia en el fogón de la cocina.

Cuando

Cuando la existencia
esta partida
El cielo oscuro,
en el bolsillo no hay,
ni dólares, ni duros
te queda lo zurcido que llevas,
en tu alma heridas
Cuando esperas y esperas
Y en el cielo buscas respuestas,
Miras las estrellas.
Y a lo lejos una destella,
Deseas un gozo,
Y como rogando un milagro,
De ese bello presagio
qué esperas,
Pero te encandila y pasa
Y tú no eras el destinatario.
Cuando piensa en el amanecer,
Y que con la salida del sol.
Todo será nuevo.
Pero te das cuenta que en ti esta
El desamor,
El veneno,
De esa mirada monótona,
Que nada tiene remedio,
Tan solo la muerte mata el asedio,
Y ante la cruz
Cristo con los brazos abiertos,
Tan solo de rodillas, la oración

Da sentido a la desazón,
Del alma en este infierno.

Dorotea

Después que los animales estuvieron en el corral, mi abuela ya había sacado la leche para el consumo diario, había que llevarlo de nuevo al cerco. Este, es una parcela de tierra a orilla del río, con abundante vegetación, pastura tierna; rodeado de un exuberante y frondoso bosque, como si las hadas y seres espirituales tomaban vida en él. Mi abuelo, en sus cuentos, nos contaba sus experiencias que tuvo en el mismo, al que le prestábamos con singular atención, como si fuese un afilado y sagaz orador. -

Él nos decía, que el lugar era mágico, siempre él se sentaba debajo de una tipa enorme, donde su follaje parecía unido al cielo y cantaba al compás de la brisa. El creía que las hadas, los Ángeles y las almas, utilizan el viento suave y las copas de los árboles para poder hablar.

Una vez se quedó no dormitando, es decir, en ese estado intermedio en la que el cuerpo se relaja totalmente, siempre solía escuchar una vos suave que salía del follaje de la tipa, la misma era parecida a la de su madre, algunas veces sentía al de su abuelo. En los momentos difíciles él solía ir ahí, para tomar decisiones. En fin, pero con musas o sin musas, con voces del más allá o no, teníamos que ir con mi primo Toro, y nos adentrábamos en la espesura de la vegetación del lugar.

En lo alto del terreno, ya estando en el centro de la parcela, había un hermoso y pequeño valle, donde había un profundo silencio y lo único que se escuchaba es el corazón de la misma naturaleza. Esto me provocaba una sensación de paz. Desde entonces no recuerdo haber viven ciado algo parecido.

Me sentaba debajo de un tala, para sentir la brisa en las copas de los árboles. Parecía que mis pies se transformaban en raíces y formaba parte del lugar, todo mi ser se anclaba y se resistía en volver. Era parte del entorno y sentía que todo era uno. Toda la piel de mi cuerpo se estremecía, como quien dice, se me ponía la piel de gallina, tenía la sensación de que estaba ante algo superior o algo a lo que hay que respetar y también acogedor.

Al lado del río estaba la parcela de tierra de "los guanqueros", no es que había nido de guanqueros (se le dice al escarabajo o coleóptero color negro). Le dicen guanqueros (coleóptero color negro), por que hacen una bola con el guano del caballo o vaca y lo llevan rodando hacia su nido.

A los primos de mi abuelo no sé porque le decían guanqueros. Bueno no puedo hacer comparaciones, creería porque eran negritos, cascarudos y sucios, pero sería denigrarlos, no me pidan que haga estas comparaciones, sigamos. Como decía, estas tierras años anteriores a mi estancia, estaban separadas por mojones, estos se hacían parvas de ramas de los árboles hasta una determinada altura indicando lo que pertenecía a cada uno.-.

Pero siempre la tecnología llega, años después alambraron todo desde el chiquero hasta el horno por las dudas, era toda una novedad este sistema de alambres.

Como mi abuelo tenía una cierta rivalidad con sus primos hermanos, ya que estos corrían los mojones de la orilla del río a favor de ellos y en detrimento de mi abuelo, con la intención de apropiarse de la tierra del mismo. Algunas veces pasaba el tiempo que vigilaba con la escopeta y tiraba tiros al aire para amedrentar a los guanqueros. Si señores eran bichos duros de dominar.

Amén de estar renegando con un miembro de la familia, ocasionaba el trabajo de volver a medir y volver los mojones a los lugares originarios, con el tedio y malos momentos que todo esto ocasionaba. Mi Abuela que parecía un remanso de agua, ya cansada de toda esta historia, se dirigió a la casa de los guanqueros y llamándole le dijo: "Mira Paulino, ya soy demasiada vieja como para estar lidiando con estas cosas, si quieres algo para vos que sea con tu sudor y no con pijotería, te lo advierto deja de estar moviendo los mojones del río, por favor no me moleste que ya estoy cansada", y este como no media consecuencia no había "una falda lo ponga al galope", no le hizo caso.

En esos momentos, la mujer dentro de la unidad familiar no sé la tenía en cuenta, tan solo servía para las cosas hogareñas, como el servir a su esposo y luego a sus hijos. Mi abuela, me acuerdo servía primero la comida a mi abuelo, después a sus hijos y luego a sus nietos y luego cuando ya no había más que servir, recién se sentaba ella a comer.

Esa noche, el primo de mi abuelo corrió el mojón a su favor, como burlándose de nuevo, haciendo ver ante los vecinos que él era lo suficientemente hombre. No iba a permitir que ninguna mujer se metiera en cosas de hombre, y menos que lo venga a querer poner en vereda, al fin y al cabo, él era un hombre con los pantalones bien puestos.

Mi abuela, viendo lo ocurrido suspiro diciendo este cristiano no le cabe dos huevos hervidos en el cubo (se entiende, es geometría campo adentro), y con toda la paciencia mando a ponerlo de nuevo a su lugar, y fue temprano a la casa del guanquero. Llevando consigo la pistola de mi abuelo. Lo llamo y viéndole a una determinada distancia, este como no aceptando el reto, que una mujer lo amenazara de tal forma, empezó a caminar hacia donde estaba mi Ella, con la intención de intimidarle, arrebatarle la pistola. Mi abuela rápidamente como buena conocedora del arma, le disparo dándole a centímetro del pie, como este era ignorante de la destreza de mi abuela (pistolera la vieja), siguió caminando y ella ni lerda ni perezosa tiro de nuevo y por un acto de misericordia le dio en la rodilla.

Se queda el cuchi helado ante el momento de la faena, con una sensación difícil de discernir, era dolor, miedo, vergüenza e impotencia y con una risotada de los vecinos circundantes.

Ya tirando en el suelo este pobre cristiano balaba como cabra loca en medio del monte. Mi abuela mirándole a los ojos, se le acerco a su lado con la pistola en la mano, le dijo: "la próxima tus hijos te va a rezar en el cementerio, pobre infeliz", santo remedio, los mojones del río nunca más se corrieron, hasta que alambraron, la policía nunca vino, y todo queda como una anécdota para contar en las noches alrededor del fogón.

Francisco Antonio Camacho

Nací un 28 de abril de 1960, detrás de la cancha de San Martin, sintiendo la euforia del futbol, en un hogar humilde.

El segundo, de cinco hijos que mis padres sin tener los estudio primarios terminados, nos crio y educo con autoridad e inculcando la importancia de la lectura en la vida.